AF332072

ANGOISSE

Max Dorra

ANGOISSE

Max Milo

« Nous sommes tout simplement
des analphabètes de l'angoisse. »
Günther Anders, *L'Obsolescence de l'homme.*

« Il a peut-être des secrets pour *changer la vie* ?
Non, il ne fait qu'en chercher, me répliquais-je. »
Arthur Rimbaud, *Une saison en enfer.*

Introduction - Partir d'un oubli

« Âme », « esprit », « psyché », quel que soit le terme dont on désigne cette insaisissable entité, la seule chose certaine est qu'elle peut souffrir. À cette douleur qui n'est pas physique, la psychiatrie propose des remèdes, la philosophie des systèmes. Le plus souvent, cependant, ces disciplines semblent passer à côté de l'essentiel. Une cécité, un oubli auquel, envahie comme elle l'est par des stéréotypes, la vie quotidienne, elle non plus, n'échappe pas. Cette curieuse absence a une signification, un sens. Ce livre en tentera l'approche.

La psychiatrie et l'oubli du singulier

La psychiatrie est un territoire qui commence à l'ouverture des corps et finit à l'ouverture des rêves. De Bichat à Freud.

Les plaintes que l'autopsie n'explique pas, non plus que les rayons X ou la résonance magnétique, les souffrances qui échappent donc au regard médical, la psychiatrie les recueille et, faute de les comprendre, les classifie.

Lorsque Freud, le 24 juillet 1895, interprète l'un de ses rêves en lui appliquant la méthode de libre association, il est en mesure de révéler à la psychiatrie de son époque ce qui lui avait échappé : la place, inconsciente, de l'enfance. Le monde virtuel de la *mémoire*.

Plus tard, l'antipsychiatrie rappelait à la psychiatrie et à la psychanalyse le champ auquel était inexorablement affrontée la singularité d'un être : celui des réalités sociales.

En 1951, Laborit, chirurgien et neurobiologiste, découvrait les effets de la chlorpromazine. Entraient alors peu à peu en scène des molécules agissant sur l'angoisse, la déprime, le délire. Encore fallait-il, comme pour tout médicament, mettre à l'épreuve ces produits sur des « groupes de patients homogènes ». D'où le recours à l'informatique. L'hégémonie du modèle mathématique dans les « sciences humaines » trouvait alors une illustration spectaculaire, dramatique, avec le *Manuel diagnostique et statistique des troubles mentaux*, le DSM à révision périodique[1], ouvrage

---

1. DSM-IV-TR – *Manuel diagnostique et statistique des*

collectif de l'American Psychiatric Association, devenu le manuel international officiel de la psychiatrie. On y apprend notamment « comment noter les résultats de l'EGF (évaluation globale du fonctionnement) ». Pour coder un cas de trouble bipolaire (ou psychose maniaco-dépressive), par exemple, on a le choix entre 296.0x, 296.40, 294.4x, 296.6x, 296.5x, 296.7, 296.89, selon la date et la gravité du plus récent épisode maniaque ou dépressif. On imagine ce que peut devenir l'écoute d'un patient, parasitée par la nécessité d'un tel chiffrage. Le pire, comme le dit Allen Frances, étant que « le diagnostic va changer à la fois *la manière dont l'individu se voit* et la manière dont les autres le voient[2] ».

---

troubles mentaux, Masson, Paris, 2004. Il serait injuste de ne pas signaler les précautions que, dans leur « Introduction », prennent les auteurs de l'ouvrage : « Le texte du DSM-IV (comme précédemment celui du DSM-III-R) évite l'emploi de termes tels que "un schizophrène" ou "un alcoolique". Ils sont remplacés par des expressions plus précises – mais il est vrai plus lourdes – telles que "un individu présentant une schizophrénie", ou "un individu ayant une dépendance à l'alcool". » Phrases sur lesquelles pourraient méditer ceux qui parlent de « cancéreux » ou de « sidéens ». On le voit, rien n'est simple. En mai 2013 paraissait le DSM-V.
2. Allen Frances est le psychiatre américain qui a dirigé l'équipe en charge de la réalisation du DSM-IV. Il dit aussi : « La

Ainsi, prise au piège de son propre discours, la psychiatrie s'est peu à peu transformée en une immense injonction paradoxale. Elle se présente comme une discipline libératrice en même temps que, par son langage même, son regard classificateur, ses diagnostics, ses *évaluations*, elle angoisse quasi imparablement.

La philosophie et l'oubli de l'angoisse

C'est pour oublier leur angoisse que les philosophes créent des concepts. L'affectivité (« pas très virile ») a été longtemps exclue du champ de la philosophie, discipline réservée pendant des siècles aux hommes[3]…

---

moindre extension ou abaissement du seuil d'un diagnostic est une aubaine pour les compagnies pharmaceutiques. Le trouble bipolaire de type 2, que nous avons introduit, a permis aux entreprises pharmaceutiques, grâce à la publicité télévisée en particulier, de doubler le nombre de patients traités pour troubles bipolaires. » Voir le site : http://bibliobs.nouvelobs.com/en-partenariat-avec-books/20130329.OBS6215/allen-frances-la-psychiatrie-est-en-derapage-incontrole.html.

3. « Le cœur est un organe femelle. En traiter exige donc dans l'ordre moral une compétence aussi particulière que celle du gynécologue dans l'ordre physiologique », Roland BARTHES, « Celle qui voit clair », in *Mythologies*, Éditions du Seuil, Paris, 1970, p. 125.

Or, tout le monde a peur. Une peur qui remonte à l'enfance. Cette peur, bien rares – les courageux – sont ceux qui se risquent à l'avouer, est une étape indispensable pourtant si l'on cherche à la surmonter. D'autant que chacun, méconnaissant ou déniant l'angoisse des autres, se croit seul atteint de ce qu'il pense être une maladie.

Si la lutte des classes est le moteur de l'histoire, le carburant de ce moteur est l'angoisse des individus. Ce dont aucun « projet de société » ne devrait faire l'impasse.

C'est presque toujours l'angoisse qui se dissimule derrière la violence. Cela, on a beaucoup de peine à l'imaginer lorsqu'on est l'objet d'une agression. La conversion de l'angoisse en une haine meurtrière, certaines pages de *Mein Kampf* pourtant l'illustrent tragiquement[4]…

---

4. « Ce fut l'époque où se fit en moi la révolution la plus profonde que j'aie jamais eu à mener à son terme. Le cosmopolite sans énergie que j'avais été jusqu'alors devint un antisémite fanatique. Une fois encore – mais c'était la dernière – *une angoisse pénible me serra le cœur.* Tandis que j'étudiais l'influence exercée par le peuple juif à travers de longues périodes de l'histoire, je me demandai soudain avec *anxiété* si le destin ne voulait pas, pour des raisons inconnues de nous autres pauvres hommes, la victoire finale de ce petit peuple ? *Si le Juif, à l'aide de sa*

Kierkegaard, Sartre, sans parler de Heidegger (que Hitler n'inquiétait pas…), tous évoquent l'angoisse mais, contrairement à Hegel, aucun, pas même Lacan, ne mange carrément le morceau.

La vie quotidienne et l'oubli d'une emprise, celle des groupes

Du matin au soir, sans en avoir toujours conscience, nous sommes pris dans des groupes. Leurs clichés, les récits, où un rôle stéréotypé nous est assigné. Groupes qui peuvent être la meilleure, mais aussi la pire des choses si l'on n'est pas prévenu des périls de *l'illusion thérapeutique* – anxiolytique – qu'ils dispensent. Drogue dure, elle peut en effet conduire à des mimétismes meurtriers, tant l'« illusion groupale » (Anzieu) s'assortit le plus souvent d'une soumission aveugle

---

profession de foi marxiste, remporte la victoire sur les peuples de ce monde, son diadème sera la couronne mortuaire de l'humanité. Alors notre planète recommencera à parcourir l'éther : il n'y aura plus d'hommes à sa surface. En me défendant contre le Juif, je combats pour défendre l'œuvre du Seigneur [...] Novembre 1918 : *dans ces nuits naquit en moi la haine. Avec le Juif, il n'y a point à pactiser, mais seulement à décider : tout ou rien ! »*, Adolf Hitler, *Mon combat* (*Mein Kampf*, 1925), p. 36-37 et p. 105-107. Voir : https://www.fichierpdf.fr/2010/01/28/ fgwm0f5/mein20kampf.pdf

à l'autorité. Lors du procès d'Eichmann, Arendt évoquait « son horrible don de se consoler avec des clichés ». Par là, elle rejoignait Anzieu. Mais elle ne pouvait prévoir que, cinquante ans plus tard, un cultivateur rwandais, devenu tueur lors d'un nouveau génocide, dirait : « Quand les tueries commencent, on se trouve moins gêné à manier la machette qu'à subir les moqueries et les gronderies des camarades[5]. »

En ce qui concerne le texte qui va suivre :

Dans un premier temps seront évoqués des symptômes que l'on peut retrouver, diversement enchevêtrés, dans tous les troubles dits « mentaux » : l'angoisse, la déprime (stress et burn-out étant leur voile pudique) et le délire. Il sera également fait état d'une pathologie qui ne figure dans aucun traité alors qu'elle est de plus en plus répandue : la « maladie de la valeur ».

---

5. « Dynamique de groupes, grégarité mimétique des individus en bande » (N. Truong), «Volonté de faire comme les autres » (J. Sémelin). « Pour le cultivateur rwandais, les railleries sont plus difficiles à affronter que le sang sur la machette », Jean Hatzfeld *in* « De la guerre à l'idéologie, réflexions sur les ressorts de l'engrenage génocidaire », *Le Monde*, 4 avril 2014, p. 18-19.

Certains noms seront fréquemment cités. On ne s'étonnera pas d'y trouver celui de Freud, l'aventurier du rêve. Celui de Spinoza, sa démarche vers une « connaissance du troisième genre » sera souvent invoquée. Le recours à Einstein paraîtra sans doute plus surprenant. C'est pourtant sa conception révolutionnaire de l'espace-temps qui entre en résonance avec la plus énigmatique des interrogations de Freud concernant « l'appareil psychique ». Eisenstein enfin y est très présent en raison de sa théorie du montage qui lui avait fait découvrir, disait-il, « la formule du pathétique ». Mais aussi de la place de la musique dans sa réflexion. Dès l'Antiquité on parle de « musique des sphères ». Eisenstein avait l'étrange projet, irréalisé, d'écrire un jour un livre « sphérique ». Comme s'il voulait rappeler la dimension non dite de certains livres circulaires se concluant par le sentiment d'énergie retrouvée qui avait été nécessaire pour les écrire. L'*Éthique* et *À la recherche du temps perdu*, par exemple. Quel univers invisible le montage même de chacun de ces livres secrètement exprimait ? Celui de la folie peut-être, la *singularité* de Spinoza, de Proust. La façon qu'ils avaient eue de refuser les normes, les limites de leur temps. Avant, non sans angoisse, d'oser les transgresser.

1. L'angoisse

« Le moi est le véritable lieu de l'angoisse. »
S. Freud, *Inhibition, symptôme et angoisse.*

Des millions d'enfants meurent de faim chaque année sur la planète, les inégalités s'accroissent, une barbarie est en marche. Tout cela nous le *savons* bien, mais nous ne le *comprenons* pas vraiment. À un journaliste qui l'interrogeait sur ce qu'il avait pensé au cours de sa mission, un pilote de bombardier répondait : « Je n'arrivais pas à me sortir de la tête les cent soixante-quinze dollars qu'il me reste à payer pour le réfrigérateur[6]. » Il y a ainsi un refus général – ou un déplacement – de l'angoisse.

---

6. Günther ANDERS, *L'Obsolescence de l'homme*, Éditions Ivrea, Paris, 2012, p. 299.

Rarement avouée, notamment par les hommes qui la croient « signe de faiblesse », la peur est le sentiment le plus universel et le plus dissimulé. La description courageuse par Alain Veinstein de sa propre angoisse a le mérite d'en rappeler l'origine. Sa confession en surprendra plus d'un. Beaucoup penseront qu'il exagère, qu'il en remet, tant l'angoisse de l'autre est volontiers ignorée ou sous-estimée :

« *La peur ramène à l'enfance.* Et je me dis qu'à leurs yeux évidemment, à eux qui me confient leur peur, les auteurs que j'interviewe, je dois apparaître comme l'enfant qui, contrairement à eux, passe ses nuits tout seul sans avoir peur. S'ils connaissaient les affres auxquelles j'ai dû toujours faire face. Au début, j'étais pétrifié de terreur. La peur me serrait la gorge, me martelait la poitrine, me submergeait par vagues successives. La sueur inondait mon front, je la sentais couler sur mes côtes, j'étais secoué de tremblements au point de ne pas pouvoir tenir mon papier.

» Et pourtant, j'en avais besoin, de mon papier, car j'étais si anxieux que je devais écrire mot à mot toutes mes questions. Je m'accrochais à mes fiches, même le mot "Bonsoir" était écrit, et même mon nom, dans la *désannonce* de fin, car je vous assure que je ne savais plus qui j'étais. J'étais enroulé dans la peur comme une momie dans ses bandelettes. L'emploi de l'imparfait ne doit pas faire illusion, la peur ne m'a pas quitté[7] [...] »

L'angoisse est une peur sans objet, dit-on. Sans objet manifeste, faudrait-il préciser. Ce que cache l'angoisse, en effet, c'est un morceau d'enfance mal oublié, du passé déguisé en futur. Encore faut-il, pour réellement le comprendre, réintégrer l'affectivité dans la rationalité, ce que personne n'avait fait avant Spinoza. Plus de deux siècles avant que Freud ne découvre la pensée associative sur laquelle nous reviendrons longuement.

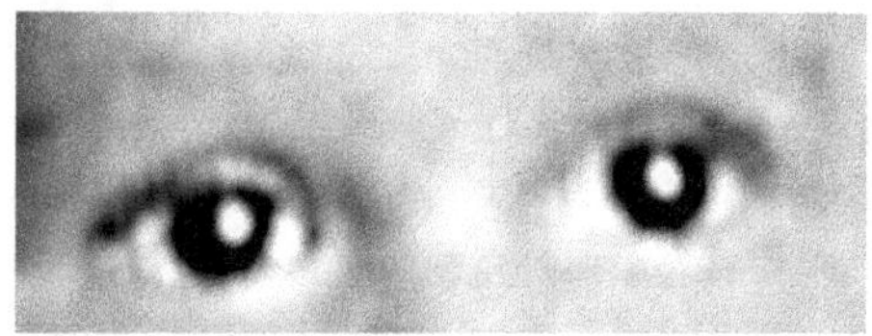

____

7. Alain VEINSTEIN, France Culture, « *Du jour au lendemain* a vingt ans », émission du 17 septembre 2005 (mes italiques). À rapprocher de ce que déclarait Hélène Jouan, une journaliste de France Inter : « Quand la lumière rouge s'allume, j'ai l'angoisse de ne pas réussir à sortir un son » in *Télérama*, 22 juin 2016.

Car l'affect, infiniment plus rapide que la lumière, abolit le temps. Ressentir, sans se l'être vraiment remémoré, un événement ayant eu lieu des *années-affect* auparavant – *l'année-affect*, unité de mesure de la mémoire, comme l'année-lumière l'est pour le cosmos –, c'est non pas le *voir*, mais le *vivre* comme il n'avait peut-être jamais encore été vécu. Le recréer. Un voyage dans le temps aboli.

Ainsi l'autre, d'un regard qui nous *affecte*, peut nous tuer, et pas seulement symboliquement. Il y a des suicides dans les entreprises. Des adolescents harcelés sur Facebook se donnent la mort. C'est que, derrière toute angoisse, il y a un pouvoir – ne serait-ce que le pouvoir des mots d'un groupe – qui nous impose, en nous jaugeant, une certaine représentation de nous-mêmes. Or le comble, c'est que cette représentation n'est jamais qu'un cliché. Un rôle convenu qui nous est à notre insu imposé. Si nous en *méconnaissons* le caractère stéréotypé, c'est qu'il a ravivé une ancienne image de nous-mêmes, jusque-là *inconsciente*, parfois douloureuse, qui nous a submergés. Le méconnu et l'inconscient s'occultent ainsi mutuellement.

Le double secret, un tableau de Magritte. Deux représentations d'un même visage. Dans l'une, une partie de la face manque, comme si elle avait été découpée.

Dans l'autre, le visage est entier, mais il a perdu son regard au profit d'une excavation semée de grelots (il y a aussi un grelot dans Proust à la fin du *Temps retrouvé*) suggérant des résonances potentiellement meurtrières.

L'essence apparemment mystérieuse de l'angoisse tient à ce double secret. Un enchevêtrement retors. La crainte d'être rejeté si nous n'acceptons pas le rôle qu'un groupe nous destine. Et, dans le même temps, la perte de notre regard, l'insupportable resserrement des possibles, que cette soumission réveille. On retrouve ici à la fois Bourdieu – les relations de pouvoir dans un certain champ – et le « stade du miroir » de Lacan : l'assignation à un enfant d'un « moi » par le regard, par les mots de l'autre.

Une certaine représentation de nous-mêmes est ainsi le point d'appui d'un *levier ontologique* que plus ou moins volontairement tous les pouvoirs utilisent. Levier qui leur permet, tel Archimède, de soulever un monde, le monde invisible de notre mémoire, de l'agencer à notre insu, et de le projeter déguisé en avenir. Comment faire comprendre à qui est dans la certitude trompeuse de l'angoisse que l'on peut, en en repérant le double fond, en démasquer la fausse évidence et la faire reculer ?

Car l'angoisse n'a rien de « métaphysique ». Elle est banale, commune, quotidienne. Telle celle qui, à la rentrée des classes, noue le ventre des élèves. Mais aussi – ce que ces élèves ignorent – le ventre de leurs professeurs. Encore faut-il ne jamais oublier l'angoissant manque d'argent dont, curieusement, on ne parle jamais. « Quand on parle à quelqu'un d'argent, son visage change, et qu'y lit-on ? L'inquiétude. Je l'ai remarqué cent fois. On dirait qu'on touche aux sources mêmes de la vie[8]. »

L'angoisse, maillon si souvent méconnu, est en effet un enjeu politique majeur. La peur change de camp lors de certains événements, le Front populaire par exemple, ou Mai 68. Ou plus banalement pendant le temps d'une grève. C'est cet oubli qui rend énigmatique toute servitude, jamais en réalité « volontaire », contrairement à ce que disait La Boétie. Que peut-il en effet subsister de « volonté » chez un être qui a perdu son regard parce qu'un pouvoir a étranglé son désir en le déprimant – jusqu'au suicide parfois ?

---

8. Julien GREEN, *Journal (1956-1972)*, 10 novembre 1967, in *Œuvres complètes*, t. V, « Bibliothèque de la Pléiade », Gallimard, Paris, 1977, p. 443.

Il est donc essentiel d'apprendre à ne pas craindre sa propre angoisse. Elle atteste la force d'exister. Un combat. Elle est même une ligne de défense à l'égard de la stase désespérée de la déprime. C'est cela qu'il faut transmettre. Qui écrira *Angoisse, mode d'emploi* ? Pour dire que les êtres, contrairement aux grains de limaille peuvent *s'en sortir* s'ils parviennent à se représenter les lignes de force du champ où ils sont pris. Une « pédagogie de l'angoisse », c'est sans doute ce que l'on devrait inscrire très tôt dans les programmes scolaires.

Cette peur universelle, face à la menace que *l'autre* représente, personne ne l'a mieux décrite que Hegel. Il en parle comme d'une « peur primordiale, peur absolue qui fait chanceler une conscience[9] ». Peur « nécessaire », il y insiste, parce qu'elle seule atteste qu'avec cet autre, il y a une *relation réelle*.

L'angoisse face à l'autre, que décrit Hegel, c'est la conscience d'un risque en effet mortel, nous l'avons vu. Celui d'un amoindrissement de soi, apparemment irrémédiable si l'autre parvient à imposer à

---

9. G.W.F. HEGEL, « La lutte des consciences de soi opposées », in *La Phénoménologie de l'esprit*, t. I, Aubier, Paris, 1980, p. 158-166.

notre conscience une certaine image de nous-mêmes. Insulter, ou même simplement porter un jugement de valeur, c'est tenter de faire tomber l'autre dans un montage désespérant de sa mémoire. « Tu n'es pas intelligent. » De tels mots peuvent induire un sentiment d'exclusion *et dans le même temps* une véritable réorganisation, un *montage* réducteur de toute la mémoire, un tri ne retenant du film de notre passé que les scènes où nous « n'avons pas été à la hauteur », nous confirmant qu'en effet « nous ne sommes pas intelligents[10] ». De *vieux rôles* alors nous étranglent la mélodie. Il n'est ainsi pas étonnant qu'à Freud et ses patients, pris dans la mythologie du masculin/féminin régnant à l'époque, cette sensation de *réduction* de l'être – conséquence d'un montage – évoque une « castration ».

Sur ce concept de « montage » nous reviendrons longuement.

Écouter un être angoissé, ainsi, c'est être *attentif à son style* plutôt qu'à ses manières. Entendre ses rythmes, savoir supporter ses dissonances. Contrechamp musical. Cette attention même, ce

---

10. Nathalie SARRAUTE décrit cela magnifiquement dans *disent les imbéciles,* « Blanche », Gallimard, Paris, 1976, p. 41-50.

mouvement de reconnaissance d'une singularité doit avoir la mobilité, l'imagination, la liberté créatrice d'un rêve. Cette générosité un peu folle qui déconstruit tous les montages : il arrive qu'une angoisse disparaisse lorsque, dans une relation n'excluant pas l'humour, les rôles sociaux simplement s'effacent. Il n'y a plus alors, par exemple, un médecin et un patient, mais deux êtres un peu mal à l'aise face à face. Si, au fil de la rencontre, le médecin s'est peu à peu détendu et a pris le risque de pleinement l'écouter, il offre alors à son patient le spectacle, la démonstration, qu'une guérison est possible. Une écoute attentive aux résonances, mais privilégiant l'accueil de l'imprévu, peut en effet étonnamment libérer. Permettre à l'autre de se reconstruire. Silencieusement alors – on entendrait voleter une note inconnue –, deux êtres se retrouvent, s'aiment parfois, alliés dans un combat qui leur est commun. Celui qui a pour fin d'assumer, chacun – osons le néologisme –, sa *dingularité*. Seul moyen de persévérer dans son être. Spinoza ici anticipe Freud.

Angoisse et « pulsion de mort » ? Satan n'est pas nécessaire

« Une chose ne peut être détruite que par une cause extérieure. »

« Chaque chose, autant qu'elle le peut, s'efforce de persévérer dans son être. »

« L'effort (*conatus*) par lequel chaque chose s'efforce de persévérer dans son être n'est rien en dehors de l'essence actuelle de cette chose. »

Baruch Spinoza, *Éthique*, III, 4, 6, 7.

Freud, il faudrait le lire comme Spinoza lisait Descartes. Avec attention – tendresse même parfois, il était si seul au début –, mais en gardant un regard critique. Le regard dont lui-même ne se départait pas à l'égard de son propre texte de 1920, *Au-delà du principe de plaisir*, où, sortant de la guerre et venant de perdre sa fille, il fait l'hypothèse d'une « pulsion de mort, (*Todestrieb*) ». « Je ne suis pas moi-même convaincu », disait-il de cet essai, plus spéculatif que clinique contrairement à tous ses travaux antérieurs. Et devant le succès de cet ouvrage, succès qui le surprend, il écrit même avec son humour habituel : « C'est très populaire et me vaut quantité de lettres

et d'éloges. J'ai dû commettre là une grosse bêtise[11]. »
Néanmoins, jusqu'à la fin de sa vie, il maintiendra
son hypothèse. Hypothèse curieusement étayée en
grande partie (pas moins de la moitié du texte) sur
des données biologiques (embryologie, reproduction
des organismes unicellulaires et pluricellulaires), sorte
d'arguments dont il n'était pas jusque-là coutumier.
Cette pulsion de mort opposée à la pulsion de vie,
Thanatos contre Éros, Freud la rapproche de la
compulsion de répétition, son caractère « démo-
niaque », avant d'écrire curieusement : « Je me suis
fait l'avocat du diable. » Ce à quoi Primo Levi, parlant
d'Auschwitz, semble répondre : « On a dit, et c'est
une obscénité, que le monde a besoin d'un conflit :
que le genre humain ne peut s'en passer. Ce sont
des arguments captieux et suspects. Satan n'est pas
nécessaire[12]... » Et, parlant des gardiens SS : « Sauf
exception, ce n'étaient pas des monstres, ils avaient
notre visage mais ils avaient été mal éduqués [...] des

---

11. « Lettre à Eitingon », 27 mars 1921, *in* Peter GAY, *Freud,
une vie*, Hachette, Paris, 1991, p. 463, rééd. Fayard, Paris, 2013.
12. Primo LEVI, *Les naufragés et les rescapés. Quarante ans après
Auschwitz*, « Arcades », Gallimard, Paris, 1989, p. 197.

subalternes [...] craignant les punitions [...] trop obéissants[13] [...] »

L'enjeu du débat est capital. Si l'« on naît violent », en effet, si la cause de l'angoisse réside dans une sorte d'agressivité fondamentale, on peut avoir combattu victorieusement un pouvoir source d'oppressions et d'inégalités, il restera toujours « dans » l'homme une propension à s'anéantir et à détruire l'autre. Il y a ainsi quelque chose de désespérant – de dangereux peut-être : « l'axe du Mal » – dans ce que l'on nous présente comme une nécessité « intérieure ». Et l'on voit ici apparaître le découpage « dedans »/« dehors », comme si le « dedans » était autre chose que du passé mal oublié. Une histoire dont nous ne nous sommes jamais remis, celle de notre rencontre avec l'autre, le mode selon lequel il nous a un jour *affectés*. Le *regard de l'autre* marque l'entrée dans *l'ordre symbolique*, une angoisse à laquelle nous serons confrontés toute notre vie. L'histoire de ces affects, au-delà du bien et du mal, on la trouve dans le livre III de l'*Éthique*. Spinoza y annonce, trois cents ans auparavant, le Freud de 1900, celui de *L'interprétation des rêves* et de

---

13. *Id., ibid.*, p. 199.

la libre association[14]. L'homme qui avait proposé une certaine façon d'*écouter* l'autre.

Maintenant, je me souviens. Une infirmière est en train d'enjamber la balustrade au septième étage de l'hôpital où je travaille. On la rattrape. Pulsion de mort ? Non. Un mot dont on l'avait qualifiée. Juste un mot. Le seul, sans doute, qui pouvait la tuer.

Leçons de solitude

L'hôpital.

Il est peu d'endroits où des solitudes angoissées sont aussi dramatiquement amenées à se rencontrer. Angoisse des patients, bien sûr. Mais aussi celle des soignants. Rencontre de visages, de corps, de mouvements, de rythmes.

---

14. *Éthique*, III, 13, 14, 15, 16, avec leurs démonstrations, corollaires, scolies. On y lit notamment : « L'amour n'est rien d'autre (*nihil aliud*) que la joie accompagnée d'une cause extérieure ; et la haine, rien d'autre que la tristesse accompagnée de l'idée d'une cause extérieure. » Mais aussi : « Du seul fait qu'un objet a quelque chose de semblable à un autre objet qui habituellement affecte l'esprit de joie ou de tristesse ; et bien que ce par quoi cet objet ressemble au précédent ne soit pas la cause efficiente de cet affect, nous aurons pour lui, cependant, de l'amour ou de la haine. »

Fugace : l'ascenseur.

Il y a plus de choses dans un ascenseur d'hôpital que dans toute la philosophie. Tous, les uns contre les autres. Les regards : antennes, tentacules, pseudopodes qui se cherchent, se frôlent, se tâtent. S'attardent, se dérobent. Chaleureux ou glacés. Ça va ? Faut bien. Comme un lundi. Médecins et aides-soignantes. Hommes et femmes, Blancs et Noirs. Brèves rencontres. Les élèves, polycopiés de cours à la main. Internes sortant de garde, soulagés, farauds, cools, faussement décontractés. Professeurs et garçons de salle. Tout près, se touchant. S'ignorant. Bref coup d'œil sur le badge. Symbolique à nu. Frontières imperceptibles, présentes, douloureuses. En être ou pas. Qui c'est ? Ah oui. Tutoiement, prénoms. Salut ! Un malade allongé sur un brancard semble perdu. Le rassurer. Quelques mots. Et puis ne pas oublier d'acheter un journal parce qu'à la consultation faudra attendre. Combien de temps ? Sais pas. Pédiatrie, septième étage. Charlotte. Timide, apeurée. « C'est ton doudou ? — Oui », d'un signe de tête. Vite nounours disparaît. Caché derrière le dos. Jardin secret. Vie privée. Oh là ! Fausse manœuvre. Retour au sous-sol. La radio, la morgue.

DOULOUREUSE : la visite.

Une hiérarchie non dite, aveuglante pourtant. Blouses blanches et pyjamas. La langue médicale. « C'est une toxo. Il est en bas débit. » « Qu'est-ce qu'ils disent ? J'entends pas. » La télé dans toutes les chambres. Vivre, souffrir, délirer, mourir devant le petit écran. Qu'est-ce qu'il peut bien avoir ? On fait quoi ? Oxygène. La douleur l'a réveillée cette nuit. La morphine ne marche plus. Elle suffoque. Pourvu que je ne me sois pas planté. Faut que je demande au patron, au chef, à n'importe qui, parce que moi, je sais pas. Mais qu'est-ce que je fous là ? Pas d'affolement. Se protéger. La bonne distance, ni trop près ni trop loin. Être dans l'équipe. *Publish or perish* (« Publier ou périr »). Le *New England Journal of Medicine*. Est-ce que j'aurai mon poste de praticien hospitalier ? Je suis plus clinicien qu'Éric mais il a davantage de publications internationales. Faire des sortants. « Oui, Madame ? Je vous l'ai dit, on n'a pas encore le résultat. Mais bien sûr, dès qu'on l'aura. Non, rien d'inquiétant ! » Échange de regards. Rencontre éclair avec un patient. Connivence fugitive, essentielle. En douce. En rupture avec le groupe médical. Écoute hors-la-loi.

DÉCHIRÉE : préavis de grève.

Grève décidée. Difficile dans un hôpital. L'angoisse change de camp. De tonalité. La révolution. Comme si un rythme jusque-là contenu pouvait maintenant s'exprimer. Y aurait-il une lutte des rythmes ? Les syndicats. Ne pas se laisser récupérer. « Moi, je ne fais pas de politique. » L'AG. Débats. Parler en public. Voter. « Les malades ne doivent pas servir d'otages. » Soins urgents à assurer. Un problème : la définition de « l'urgence » ? Donner à boire, passer le bassin : urgent. « Pas assez d'infirmières, d'aides-soignantes. Pas assez payées. » D'accord. Mais tout de même. Grève contagieuse. « Vous avez des informations ? » Les médias. Rumeurs chuchotées. « Les Renseignements généraux sont dans le hall. » Négociations. « Ça tombe au plus mauvais moment. La crise. Restrictions budgétaires. » Position dure. Hésitations. L'espace de l'hôpital s'est bizarrement incurvé. Les paroles, les gestes habituels sont comme déviés. Peur. Tout le monde a peur. Est-ce que les grèves auraient un contenu latent ? Impossible de joindre le directeur. « Paraît qu'il va sauter. » Payer les jours de débrayage. Tu rêves ou quoi ? Grève des gardes ? Pas possible. Ne pas céder. Ne pas se faire manipuler. « Il faut savoir terminer une grève. » Vous croyez ? Reprise. Petit matin frisquet. Deux entrants : une fièvre inexpliquée, une tentative de suicide. Reprise. Chez les soignants, au creux du ventre, un sentiment étrange, une incompréhensible culpabilité. Ambivalence.

Ambivalence. Surtout ne perdez pas le sud

« Maintes fois c'est avec joie que j'aurais vu sa disparition du nombre des hommes ; mais je sais fort bien en revanche que, si cela arrivait, j'en serais encore bien davantage peiné. Bref, je ne suis pas à même de savoir comment m'y prendre avec ce diable d'homme ! »
Platon, *Le Banquet*, Alcibiade (216c).

D'Alcibiade au petit Hans, de l'homme aux rats à Marcel Proust, c'est la troublante énigme de l'ambivalence – l'amour/haine – que l'on retrouve dans les récits où une angoisse se transforme en violence.

Désirer la mort de qui l'on aime. De cet inavoué – inavoué parce qu'il est invivable – naît une culpabilité. D'où la haine, toujours masquée. Agacement subit, pitié incompréhensible, excessive sollicitude : témoins déguisés de l'ambivalence.

C'est d'un rythme qu'il faut partir. Une pulsation. Aller à l'autre sans se perdre soi-même.

Aller à l'autre, toutes histoires confondues, dans un coup de foudre. Deux styles, une identification. Magie.

Et puis revenir, se retrouver, pas tout de suite parfois. Se recréer.

Que reste-t-il de nos amours ? Que reste-t-il de cette partition symbolique dans laquelle je suis inscrit, qui s'est affrontée à la tienne le temps d'un battement, le temps d'une déchirure ? Que sont devenues mes portées ? Que reste-t-il de ma tonalité après cette rencontre de nos deux partitions, ce bras de fer des sexes, des âges, des classes, cette lutte de groupes cannibales dans lesquels toi et moi, dès avant notre naissance, nous étions déjà inscrits ? Champ de bataille de l'Histoire (avec une grande hache, comme disait Perec) le *symbolique* est jonché d'épaves de cette lutte. Des ego, toujours victimes d'un pouvoir.

Car si l'imaginaire – bricolage à partir de fragments du passé (pas de création *ex nihilo*) – marche à l'amour, réunissant inlassablement les notes qui s'aiment et les représentations qui se ressemblent, le symbolique fonctionne à l'exclusion : en être ou pas, de tel ou tel clan. Processus à la fois inconscient et méconnu. Incompréhensible.

« Je ne comprends pas. » Est-il bête ! « C'est ma bêtise », disait le petit Hans en parlant de sa phobie. Mêmes mots, curieusement, dans la bouche de Heidegger (*eine grosse Dummheit*) lorsqu'il évoquait rétrospectivement, mais sans l'analyser, sa cécité à l'égard du nazisme. La bêtise n'a pas d'existence en soi. C'est un arrêt circulatoire, un caillot de sens.

Mais Sartre dit juste : la bêtise n'est qu'une forme de l'oppression.

Sous le regard de l'autre, ainsi, il m'arrive de perdre le nord.

J'ai peur.

Mais perdre le nord face à l'autre, c'est être victime d'un tour d'escamotage. Ne plus *voir* que le regard qui s'est allumé, en face de moi (rectangle gauche du schéma[15]) n'est en réalité (rectangle droit) qu'une

---

15. Schéma bien sûr « impossible » puisqu'il prétend représenter, dans l'espace, une « *circulation* dans le temps (le rectangle droit) entre des dimensions, dont l'une est en partie méconnue (le symbolique), l'autre (la mémoire, l'imaginaire) en partie inconsciente. Cette figuration ne vise qu'à faire justice du découpage transversal (rectangle gauche) : « dehors » (le regard de l'autre) / « dedans » (le « moi »).

coproduction : un œil, et un *montage* de ma mémoire, de mon histoire, rien qu'un montage projeté, enroulé autour de cet œil.

Et c'est, du même coup, perdre le sud. Amalgamer une certaine image de moi, dont j'oublie alors la nature toute relative, fonction du groupe dont elle n'est qu'un fragment : je me sens, malgré moi, « le Blanc» en Afrique, un rôle, que, précisément, le montage de ma mémoire m'a imposé.

Tout cela, je ne le perçois plus, parce que le *méridien* du réel a tourné. Il était jusqu'ici vertical (rectangle droit) : mémoire | symbolique. Il est devenu horizontal (rectangle gauche), un *équateur* qui, illusoirement, séparerait un « dedans » (le « psychisme ») et un « dehors » (le monde « extérieur »).

Clac ! Retour à la réalité (rectangle droit). L'illusion se dissipe. Se révèle alors à la conscience ce que le découpage horizontal, « dehors »/« dedans », lui avait dérobé : le « regard de l'autre » et le « moi » se déconstruisent.

Rimbaud a gagné ! « Balayés, les millions de squelettes des vieux imbéciles qui n'avaient trouvé du moi que la signification fausse. » « je est un autre. » Le cuivre peut s'éveiller clairon, « il n'y a rien de sa

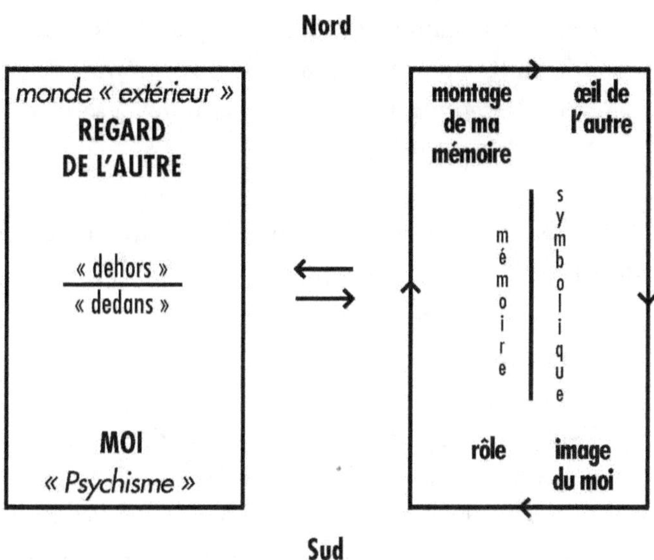

faute. » Le cuivre, c'est fait pour sonner joyeusement, sans se soucier de son rôle dans l'orchestre, même s'il peut arriver à un clairon d'assassiner une clarinette.

Se sentir bien (« dans sa peau », comme on dit), c'est circuler dans le bon sens. L'image du moi – cause de malaise – alors se démasque, se relativise avant de s'effacer. C'est à cela que l'interprétation d'un rêve, parfois, peut donner accès.

L'ambivalence coupée en deux par la verticale du temps retrouvé (rectangle droit), le regard de l'autre percé à jour, la haine est remise à sa place. Mon désir de te détruire redevient un non-sens rassurant. De ce meurtre *symbolique*, un symbolique remis à sa place, je ne suis plus coupable.

Je vais enfin pouvoir t'aimer sans crainte, de toute mon histoire à qui sa souplesse – tous ses montages possibles – a été rendue.

Mon père, *Je* te hai*t*. Je te hai*t*, et ça n'a plus d'importance.

C'était le groupe des fils – et moi dedans – contre le groupe des pères. Tous ces petits corps, nus comme ceux des déportés d'Auschwitz, contre leurs tortionnaires ; le groupe des fauves contre celui des dompteurs, des chiens contre les dresseurs. Haine du dressage.

Un fils, toi aussi tu l'as été.

Elles vont pouvoir se rencontrer, nos histoires de fils, de fauves, nos histoires de chiens.

Nous saurons enfin que ni toi ni moi n'y sommes pour rien.

Je pourrai te haïr proprement, symboliquement, mon amour aura repris tout son sens.

Nous pourrons démonter les tours de prestidigitation et les chapiteaux, quitter le village de l'angoisse, reprendre la roulotte et repartir ensemble sur les routes.

Une circulation s'est rétablie, celle du sens : le réel. Lui seul désormais sera capable de me mordre. Les concepts de chiens pourront continuer d'aboyer, ils ne m'effrayeront plus. Ils ne me déprimeront plus.

Au petit matin, le vent est souvent un peu vif.

2. La déprime

« Un pouvoir, vite, sinon je déprime ! » Arrivée de Nounours

« Dépression », ce terme, déprimant parce qu'il paraît sans recours, mériterait de tomber en désuétude. « Déprime » sonne plus juste. Ou dépréciation. Des mots qui évoquent une perte d'estime de soi. Une *dévalorisation* qui entraîne un affaiblissement de la capacité d'anticiper, de désirer. Une restriction des investissements affectifs. Une lassitude écrasante, permanente, « dès le matin », l'accablement de vivre (ou de revivre) le temps de l'impossible. Cette autodépréciation est, de loin, la cause la plus fréquente de la fatigue. Ce qui épuise, bien davantage que toute maladie, c'est la désespérance.

L'être est un concept intensif, lié au désir, la « force d'exister », le *conatus* spinozien. Le non-être, ainsi, n'est pas le néant, c'est la déprime. Il n'est donc pas étonnant que ce soit la parole du déprimé, en manque d'être – « je ne *vaux* rien, la vie n'a plus de *sens* », le théorème de la mélancolie – qui soit à même de dévoiler des catégories fondamentales. La valeur, le sens.

La déprime est la conséquence d'une défaite symbolique, quelle qu'en soit la date. Une perte souvent semble la déclencher ; en fait elle la révèle.

Il y a une histoire de l'impossible. Impossible qui n'est parfois qu'un interdit ancien, inconscient. C'est ici que Nounours entre en scène.

« Je me souviens que "Nounours" était en grève. »
Béatrice Mousli in *Le Monde*, « Je me souviens de Mai 68 », 6 mai 2008.

Winnicott nous présente Nounours, « l'objet transitionnel ». Nounours, petit ancêtre de toutes les prothèses, calmant l'angoisse, consolant de la séparation. « Je suis le monsieur qui accompagne Nounours », semble dire l'enfant, sur le même ton que jadis le président des États-Unis arrivant en France : « Je suis le monsieur qui accompagne Jackie Kennedy. » Magie ! Nounours m'institue, en raison de ma taille, *sujet* transitionnel entre mes parents et lui. Il me confère une place dans ma famille car Nounours est accepté par tous. Ma relation avec lui est reconnue. Je ne suis plus l'enfant pas très sage, pas très propre parfois, la note sensible de la tonalité de *do* majeur[16]. Grâce à Nounours, pour rester dans la métaphore musicale, je joue désormais en *si* majeur ; ma sensible est devenue la tonique. Dans cette nouvelle hiérarchie, certes, je suis coincé entre maman et Nounours, mais je peux maintenant m'intégrer dans le groupe familial avec un statut honorable. Quelque chose comme sous-officier.

Surtout qu'on ne me sépare jamais de Nounours ! Avoir ou ne pas avoir Nounours, c'est être ou ne pas être un certain enfant. Nounours, petit miroir de la mère. Par toi je me cramponne au temps immobile de la toute-puissance, à la certitude d'être aimé, ces années que je regarde maintenant à travers une brume nostalgique.

---

16. La note sensible, en *do* majeur, c'est le *si*. Note *en attente*, elle est douée d'une attirance particulière pour le *do*, dont un demi-ton seulement la sépare. « Ce demi-ton est pour elle une souffrance. Elle veut absolument le résorber, et toute la musique classique est saturée de cette nostalgie. » Henri BARRAUD, *Pour comprendre les musiques d'aujourd'hui*, Éditions du Seuil, Paris, 1968, p. 57-58.

« Vite, mes cigarettes ! Ma Porsche ! Mon argent ! Mon Nounours ! Ma Légion d'honneur ! »

Proust. Sa situation mondaine lui avait été longtemps nécessaire pour survivre. Un jour, elle ne suffit plus. Il décide de créer. C'est dans l'apparemment anodin – mais totalement singulier – qu'il trouve alors le salut. Madeleines, petit pan de mur jaune, mots d'un rêve, petite phrase musicale sont ainsi les véritables objets transitionnels – entre présent et passé –, une voie pour retrouver, en associant, un peu de temps – en réalité de *sens* – à l'état pur. Et *changer d'humeur*.

Il n'est pas à l'abri pour autant. À tout moment, il le sait bien, au gré des caprices d'un être, il pourra être de nouveau envahi par la plus accablante tristesse. Comme le fut un jour un de ses personnages, Swann, à la recherche d'une mélodie perdue : Odette.

Et Proust décrit avec une précision clinique la façon dont un affect peut subrepticement infiltrer la musique d'une parole.

Un mélancolique au concert

Odette est devenue peu à peu indifférente, distraite, irritable. Swann en souffre.

« Vous devriez sortir, voir des gens », dit-on aux grands douloureux. L'âme en peine, sa mélodie tonale semée de notes sensibles en mal de résolution, Charles Swann erre dans le salon de Mme de Saint-Euverte. Mme de Guermantes le cherche. Elle converse avec lui quelques instants. Mais Swann est pressé de rentrer chez lui. Il espère tant y trouver un mot d'Odette[17].

> « Swann voulait partir, mais au moment où il allait enfin s'échapper, le général de Froberville lui demanda à connaître Mme de Cambremer et il fut obligé de rentrer avec lui dans le salon pour la chercher.
>
> — Dites donc, Swann, j'aimerais mieux être le mari de cette femme-là que d'être massacré par les sauvages, qu'en dites-vous ?
>
> Ces mots "massacré par les sauvages" percèrent douloureusement le cœur de Swann ; aussitôt il éprouva le besoin de continuer la conversation avec le général :
>
> — Ah ! lui dit-il, il y a eu de bien belles vies qui ont fini de cette façon… Ainsi vous savez…

---

17. Marcel PROUST, *Du côté de chez Swann. À la recherche du temps perdu*, t. I, « Bibliothèque de la Pléiade », Gallimard, Paris, nouvelle édition 1987, réimpr. 1991, p. 337-339.

ce navigateur dont Dumont d'Urville ramena les cendres, La Pérouse… (et Swann était déjà heureux comme s'il avait parlé d'Odette). C'est un beau caractère et qui m'intéresse beaucoup que celui de La Pérouse, ajouta-t-il d'un air mélancolique.

— Ah ! parfaitement, La Pérouse, dit le général. C'est un nom connu. Il a sa rue.

— Vous connaissez quelqu'un rue La Pérouse ? demanda Swann d'un air agité.

— Je ne connais que Mme de Chanlivault, la sœur de ce brave Chaussepierre. Elle nous a donné une jolie soirée de comédie l'autre jour. C'est un salon qui sera un jour très élégant, vous verrez !

— Ah ! elle demeure rue La Pérouse. C'est sympathique. C'est une jolie rue, si triste.

— Mais non, c'est que vous n'y êtes pas allé depuis quelque temps ; ce n'est plus triste, cela commence à se construire, tout ce quartier-là. [...] Mais le concert recommença [...] Mais tout à coup ce fut comme si elle était entrée [...] "C'est la petite phrase de la sonate de Vinteuil, n'écoutons pas !" »

PREMIER MOUVEMENT

Froberville aborde Swann. Deux thèmes vont dès lors s'affronter. Celui de Charles, un amour désespéré qui se cache derrière une façade mondaine. Le désir naissant de Froberville pour la jeune Mme de Cambremer.

La phrase polyphonique de Froberville est simple, différentes mélodies s'y fondant particulièrement bien : tonalité de l'enfant désirant et conversation « entre hommes » s'harmonisant avec le mode militaire (il est général). Froberville doit cependant moduler un peu : *J'aimerais mieux être le mari* civilise le classique « j'aimerais mieux l'avoir dans mon lit » ; tandis que *massacré par les sauvages* se substitue au trop bruyant « boulet de canon », que l'on sentait arriver.

Aussi banale soit-elle, cette polyphonie symbolique va pourtant laisser des plumes en traversant le filtre de la partition de Swann. La demande de Froberville (être présenté à Mme de Cambremer) ne sera pas entendue car cette partition est en flammes. Si les mots *massacré par les sauvages*, en revanche, « percent si douloureusement le cœur de Swann », c'est qu'ils entrent en résonance avec la blessure de sa tonalité.

Résoudre au plus vite cette note sensible en souffrance. Seule Odette le pourrait. Qu'elle surgisse ! La tonique qu'il ne peut trouver dans sa tonalité, Swann ira la chercher dans sa chanson modale, dépourvue de note sensible. La Pérouse, voilà la note qu'il lui faut. Elle est doublement inscrite : dans sa tonalité, c'est une rue où il est souvent allé, celle où habite Odette ; dans sa chanson modale, en principe moins dangereuse, La Pérouse est un navigateur massacré par les sauvages. Mais la chanson tonale de Swann, qu'il s'efforce de refouler, est toujours là, bien que réduite à sa plus simple expression, un affect : *triste et jolie*. C'est cet affect, encore un peu voilé d'esthétisme qui va réinvestir la voix modale. À partir de ce *La Pérouse* doublement inscrit, il va structurer en douce, organiser métaphoriquement la mélodie modale. *C'est un beau caractère et qui m'intéresse beaucoup que celui de La Pérouse* : l'intérêt subit de Swann pour le célèbre navigateur est visiblement teinté d'une certaine mélancolie.

C'est dans un registre neutre, ce mode qu'il a en commun avec Swann, leur quartier, celui de l'aristocratie et de la grande bourgeoisie, que Froberville va entendre la mélodie de Swann : *Ah ! parfaitement, La Pérouse, dit le général. C'est un nom connu. Il a sa rue.*

Si Swann a l'air agité quand il demande : *Vous connaissez quelqu'un rue La Pérouse ?* c'est que l'accord que vient de plaquer Froberville lui fait craindre une tentative de modulation vers sa propre tonalité, le jardin privé où il est en train de jouer secrètement avec l'image d'Odette.

Je ne connais que Mme de Chanlivault, dit Froberville qui, ayant remarqué la mauvaise mine de Swann, son trouble subit, et connaissant ses relations avec Odette, comprend maintenant, enfin, qu'il faut le rassurer. Il revient donc à la mélodie modale, mondaine, par laquelle il sait pouvoir, à moindre risque, communiquer avec Swann ; Mme de Chanlivault arrive alors à point nommé pour neutraliser d'urgence Odette dont il vient de soupçonner la dangereuse présence.

La Pérouse contre *massacré par les sauvages, Chanlivault* contre *Odette* : une sorte de contrepoint. Cependant, l'évocation de la jeune mondaine, *qui aura un jour un salon très élégant, vous verrez !* indique que la mélodie modale de Froberville est elle aussi affectivement imprégnée de son insistant thème tonal : « une jeune femme pleine d'espérances ».

Mais Swann ne l'entend pas de cette oreille, il réussit à glisser de nouveau son thème : *une jolie rue, si triste.* Deux thèmes, l'un suivant l'autre comme son ombre. Une double fugue.

Ce n'est plus triste, cela commence à se construire, tout ce quartier-là. Froberville a, une dernière fois, placé son motif, toujours le même : la couleur de son désir naissant pour Mme de Cambremer. Un bouton de porte eût été à ce moment considéré comme plein de promesse par Froberville, et d'une sombre beauté par Swann.

DEUXIÈME MOUVEMENT

Le concert reprend. La petite phrase de la sonate de Vinteuil alors fond sur Swann. Il est de nouveau percé douloureusement, mais cette fois sans remède, comme si la musique, effaçant soudain les mots, avait balayé toutes ses défenses. « Délivrée par le son de l'objet, la voici donc la conscience en présence de ses pures puissances et de ses lois les plus intimes. Et la musique ne sera que l'incarnation de cette conscience de soi que la pensée acquiert par le moyen des sons[18]. » C'est justement ces mouvements cachés, leur harmonie subtile, ces fluctuations, que mime, que dévoile la musique. Certains mélancoliques, ainsi, en ont horreur, musique tonale qui joue la succession de tensions et de résolutions, de souffrance et de gaieté, ces combats dont ils sont devenus incapables ; musique

---

18. Gisèle BRELET, *Le temps musical. Essai d'une esthétique nouvelle de la musique* (1949), PUF, Paris, 1953.

modale, souvent si proche d'un vécu dépressif, avec ses modes étranges, exotiques ou médiévaux, qui se reconnaissent à leur seule harmonie, comme une langue étrangère nous signifie immédiatement son pays d'origine. Un paradis perdu, peut-être, celui d'un traîneau d'enfant, par exemple, dans *Citizen Kane*. Musique où l'on sent parfois (notamment dans certains morceaux de Satie) qu'il y a eu séparation, que la perte est définitive. Et que la folie sans doute n'est pas loin.

3. Le délire

Délire, réalité, vérité

La parole délirante angoisse parce que, on le sent immédiatement, aucune négociation ne sera possible. Altérité *inapprivoisable*, elle se dérobe à la compréhension. Énigme, elle met au défi toutes les théories.

« Ce qui a été forclos, rejeté du symbolique, reparaît dans le réel », formulé dans le vocabulaire qui lui est propre, tel est le processus imaginé par Lacan pour expliquer le mécanisme du délire. Cette hypothèse a l'intérêt de proposer un certain modèle. La réapparition en un point de ce qui a disparu en un autre point, c'est ainsi en effet que se démontre l'existence d'une *circulation*.

Le *réel* serait alors quelque chose comme la mise en mouvement d'une *réalité*. Réalité qui ne doit pas être confondue avec la *vérité*, cette spécialité régionale. Le vrai – un terme de logique (vrai/faux) – n'est qu'un morceau de réalité, un territoire enclos à l'intérieur de haies, souvent « linguistiques », dressées par une communauté. *Here, I am happy*, disait un juif allemand émigré aux États-Unis, *aber glücklich bin ich nicht*. Deux langues. Deux vérités apparemment contradictoires. Une réalité.

Un patient, M. A***, se présente sous un faux nom, une fausse adresse. Une profession qu'il n'a jamais exercée. Son comportement par ailleurs est tout à fait « normal ». Mythomane ? Pas si simple. Nous apprenons bientôt qu'il a été hospitalisé, dans un pays voisin, pour délire : il se prenait pour un espion international. Un espion, pour cacher son activité, passer inaperçu, se doit de sans cesse mentir. À ce prix, M. A*** était, apparemment, dans le réel. Un jour, il s'est décidé à dire la vérité, *sa vérité* et nous a « avoué » qu'il était l'agent d'une puissance étrangère. Il était alors enfin clairement, à nos yeux, dans un délire. Ce jour-là, il a bu ses urines.

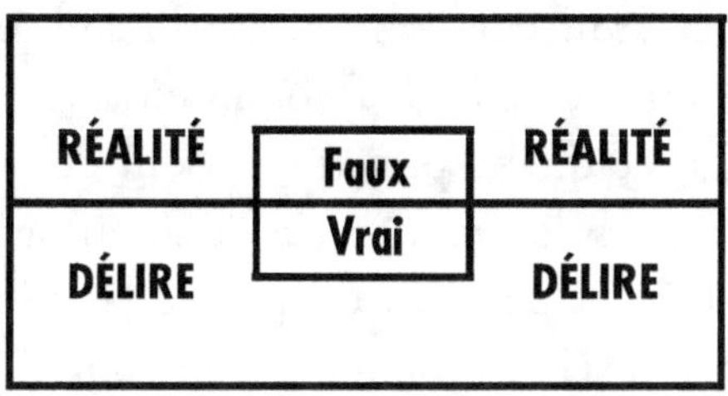

Vrai ou faux. Une hallucination, un délire, se donnent pour le vrai. Une conviction inébranlable : une *croyance*. Précisons qu'il sera ici avant tout question de délire de type paranoïaque. La certitude qui accompagne ce délire signe son origine : le *symbolique*. Sa logique tranchée au couteau où l'œil de l'autre – un œil est là, souvent, dans les tableaux peints par des psychotiques – et une violence latente sont toujours présents. Rien ne vient nuancer le péremptoire de cette logique folle. Pas de flou analogique, pas même le glissé d'une métaphore.

Une parole devient *délirante* lorsqu'elle *court-circuite* en quelque sorte la mémoire. La souplesse adaptative de la mémoire, de ses montages potentiels, certes, ne va pas sans risques. L'angoisse, la déprime, on l'a vu, l'attestent douloureusement – mais sans rompre avec le réel. Le discours délirant, lui, va tout raide, droit dans ses bottes, du sud au nord[19], fabriquer directement, de façon insensée, la représentation. Car ce qu'il y projette, ce sont des mots, des images, dénués de *sens* mais pas de signification, dans tel ou tel code, puisque, coupés de la mémoire, ils proviennent exclusivement du symbolique[20].

Sur une partition musicale, on pourrait imaginer quelque chose comme un drame dans l'harmonie. Les notes d'une mélodie modale, incapables soudain de se fondre, dans un accord, avec celles d'une ligne tonale. Ce qui distingue le talent de la folie, Freud de Schreber, l'écriture de Lacan et celle d'Aimée, sa patiente psychotique[21], c'est le degré de *négociation* auquel ils sont chacun parvenus entre leurs lignes mélodiques propres. Peut-être, pour ne pas sombrer dans la folie, faut-il apprendre à se mouvoir avec souplesse, agilité entre ses différentes lignes mélo-

---

19. Voir rectangle droit du schéma p. 36.

20. Un symbolique anémique, privé du *sens* que lui apportait une circulation passant par la mémoire, la banque du sens. Mémoire « trouée » parce que, sans doute, *quelque chose*, un jour, n'a pu y trouver un lieu. Sa place. Quelque chose d'*inassimilable*.

21. Jacques LACAN, *De la psychose paranoïaque dans ses rapports avec la personnalité*, « Points Essais », Éditions du Seuil, Paris, 1980, réédition Points, Paris, 2015. Il s'agit de la thèse de doctorat en médecine de Lacan.

diques, quitte, tel Bartok, à se réinventer *une insai-sissable tonalité*, pour rester capable de moduler, de s'adapter à la réalité.

Lors d'un délire, à l'inverse, seuls subsisteraient, projetés, les montages logiques du *symbolique*, dispositifs rigides, à base de codes de groupes – familiaux, sociaux –, avec leurs règlements, leurs lois. Rien de surprenant si les murs regardent, s'ils parlent, si les discours délirants sont envahis par la projection de stéréotypes politiques ou publicitaires, de clichés[22] : une certaine logique interprétative utilisant des parcelles du discours symbolique. « En être ou pas ; ami ou ennemi ».

L'entrée dans le délire peut être déclenchée – il n'est de seuil que symbolique – par n'importe quel événement, une promotion par exemple.

Schreber, nommé président de chambre à la cour d'appel de Dresde, entre en fonction le

---

22. « "T'es pas un homme !", "Tu es moche !", "Tu es bête !", "Personne ne t'aime", ricanaient les voix » *in* « Mauvaises voix », *Le Monde*, 6 juillet 2003, par Florence BEAUGÉ qui cite Polo TONKA, *Dialogue avec moi-même. Un schizophrène témoigne*, présenté et commenté par Philippe Jeammet, Odile Jacob, Paris, 2013.

1ᵉʳ octobre 1893. Il tombe malade à la fin de ce mois[23]. Le commutateur, c'est l'apparition d'un signifiant – un titre, une date – inassimilable par la mémoire. Une image du moi invivable, insupportable. Il vivait en *do* majeur. Advient un jour une *altération*. Une de ses notes lui est devenue étrangère.

Plusieurs possibilités, alors :

1° Faire comme si de rien n'était, « ne pas le savoir », continuer en *do* majeur avec un poids sur l'estomac. Envahissant toute la perception, ce corps étranger douloureux prendra du volume comme s'il s'agissait d'un monstre ou d'un cancer. Le patient, devenu président et hypocondriaque, courra alors chez des médecins qui, longuement, en vain, lui palperont l'abdomen. Il ira consulter d'autres médecins. Parfois il accouchera d'un livre. Ou, tel Freud, d'une théorie : « L'avenir dira si la théorie contient plus de folie que je ne le voudrais, ou la folie plus de vérité que d'autres ne sont aujourd'hui disposés à le croire[24]. » Lacan, un soir, à la télévision : « Je cogite éperdument ! »

---

23. Sigmund Freud, « Le Président Schreber » in *Cinq psychanalyses*, PUF, Paris, 1973, p. 266.
24. *Id., ibid.*, p. 321.

2° Plus rarement cette altération fait tout basculer. C'était un statut jusque-là inaccessible qui avait été soudain offert à Schreber. Sa nomination à un poste où il siégera parmi des hommes ayant vingt ans de plus que lui. Un soleil impossible à fixer sans être ébloui. Un « assassinat d'âme », écrit-il. Une modulation *inassimilable*. Elle sera l'objet d'une forclusion. Il avait déjà souffert de « troubles nerveux » quelques années auparavant alors qu'il était président d'un tribunal de première instance. Cette fois il délire.

Délirer, ainsi, c'est habiter un système cohérent, purement symbolique, criant de vérité mais – violence du symbolique – potentiellement meurtrier.

Angoisse, déprime, tels sont les risques que fait courir l'affrontement aux normes, à l'ordre établi. La réaction délirante, en revanche, pose un problème plus déconcertant. Pascal l'avait bien senti, qui écrivait : « Les hommes sont si nécessairement fous, que ce serait être fou par un autre tour de folie, de n'être pas fou. » Énoncé qui suggère une interrogation : qu'est-ce qu'être fou ? Peut-on, par exemple, qualifier de « folie objective », de « psychose sociale » une aberration collective si universellement admise qu'elle passe pour la normalité : la maladie de la valeur ?

4. La maladie de la valeur

Il n'y a pas que l'inconscient, il y a aussi le méconnu.

Une maladie transmissible : la valeur

« Apprenez à vous vendre en trente secondes.
Chronométrez-vous, filmez-vous, entraînez-vous. »
Vivian Giang, *Journal du Net. Management.*
« Ne vois-tu donc pas que je brûle ? »
Sigmund Freud, *L'interprétation des rêves*,
« Rêve de l'enfant mort qui brûle ».

Suicides sur les lieux de travail[25]. Auto-immolations par le feu. Rentabilité, compétitivité.

---

25. À France Télécom, une importante série de suicides était enregistrée entre 2006 et 2011. L'école de management de Cachan, spécialement créée en 2005, était entièrement consacrée au projet de « déflation » et départs forcés. La rémunération des cadres était indexée sur les départs. « Faire bouger les gens en mettant la pression partout… Tout était bon pour faire

Évaluations individuelles. Suppression de postes. Ils ne mouraient pas tous mais tous étaient frappés. Nulle maladie n'a été si longtemps méconnue. Aucun traité de médecine, aucun manuel de psychiatrie n'en a jamais parlé[26].

Elle se présente en effet comme une forme de la « normalité », celle que nous recommande l'idéologie régnante relayée par les grands médias. Difficulté supplémentaire : cette pathologie met à mal les cloisonnements universitaires (sociologie, psychologie…). Tout se passe comme si, pour en faire le diagnostic et la combattre efficacement, il fallait passer par une dimension inédite – encore à découvrir.

La maladie de la valeur vénale, la valeur d'échange, cette si contagieuse affection, est due à une sorte de virus qui attaque l'être en son noyau. Pour en contrecarrer les effets ou même simplement en parler, la

---

craquer le personnel… », voir Émeline Cazi, « Suicides à France Télécom : le procès se rapproche », *Le Monde*, « Supplément Éco & Entreprise », 8 juillet 2016, p. 3.

26. « La dignité des soignants bafouée au nom de *l'efficience*. Cinq infirmiers se sont donné la mort au cours de ces derniers mois. Leur détresse est révélatrice de l'ordre gestionnaire qui sévit à *l'hôpital*. La logique technocratique ne doit plus occulter l'engagement des professionnels de santé », Emmanuel Hirsch in *Le Monde*, 13 septembre 2016.

plus grande prudence s'impose. D'autant que cette peste s'accompagne d'un déni collectif si puissant qu'il faut prendre bien garde de ne pas être considéré soi-même comme fou, face à une folie dont chacun se croit épargné.

Dans un chapitre du *Capital*, aussi étrange que le surgissement d'une formule chimique dans le rêve inaugural de Freud, Marx dépeint le tableau clinique saisissant de cette impressionnante affection. C'est une table qui en est atteinte. Dès que le virus l'a infectée, qu'elle est ainsi devenue une marchandise, « elle se dresse sur sa tête de bois » et se met à danser, tout en se contorsionnant face aux autres marchandises, comme si elle cherchait à les séduire[27]. La possibilité d'une transmission à l'homme fait tout le danger de cette maladie de la table folle. Des mimétons, sortes de prions idéologiques provenant de ces objets endiablés, peuvent en effet se diffuser à la quasi-totalité d'une population[28]. Ils font alors d'hommes et de

---

27. Karl MARX, « Le caractère fétiche de la marchandise et son secret » in *Œuvres*, t. I : Économie, « Bibliothèque de la Pléiade », Gallimard, Paris, 1963, p. 604 et suiv.
28. Max DORRA, *Lutte des rêves et interprétation des classes. Démontage d'un tour d'illusion*, « penser/rêver », Éditions de l'Olivier, Paris, 2013, p. 145.

femmes, malades sans le savoir, de simples marchandises capables, par folie mimétique, dans une sorte de cécité (un des signes de la maladie), de se rendre spontanément au marché pour s'y tortiller à leur tour[29]. Tout étant classé donc classant, devenus objets d'échanges, ils jouent ainsi le jeu que l'on attend d'eux, celui d'une « concurrence libre et non faussée ». Le spectacle est indescriptible, et toujours inquiétant, dans cet univers où la violence n'est jamais très loin. D'autant que certains de ces humains-marchandises, laissant croire qu'ils ont plus de « valeur » que les autres, en profitent pour les dominer et les exploiter impunément. On a le plus souvent affaire, d'ailleurs, à des associations de malades groupés autour d'un chef – en général le plus atteint.

Le désir même, dans le monde de la valeur marchande, est dévoyé, réduit, par une sorte d'addiction, à se chercher des substituts. N'importe quoi pourvu que l'on y trouve l'estampille, la « griffe hiérarchique » d'un groupe prestigieux parce que dominant.

Et puis, il y a l'inflation. Les mots et l'image que les humains se font d'eux-mêmes *lors des échanges* sont

---

29. Pierre BOURDIEU, « Parts de marché et concurrence » in *Sur la télévision*, Liber éditions, Montréal (Québec), 1996, p. 45.

une sorte de monnaie non gagée : quoi de commun entre la « langue » d'un groupe et le vécu, la singularité d'un être ? C'est ce décalage essentiel entre forme et contenu qui explique *l'inflation symbolique* : il y a par exemple une « usure » des mots. D'où la nécessité de pousser les étiquettes, d'anticiper pour ne pas prendre de retard sur une dévaluation que l'on pressent inexorable. Cela explique le *désir de plus-value* et les stratégies de bluff, pratiquement toujours présents[30].

Ainsi *le moi*, ce carrefour, lorsqu'il est atteint par la maladie de la valeur, devient lui-même une valeur d'échange. « Sous un certain rapport, il en est de l'homme comme de la marchandise. Comme il ne vient point au monde avec un miroir, ni en philosophe à la Fichte dont le moi n'a besoin de rien pour s'affirmer, il se mire et se reconnaît d'abord dans un

---

30. « Vous ne devez pas chercher à dire des choses élégantes, destinées à vous mettre en valeur et à augmenter l'estime qu'on peut déjà avoir pour vous. En d'autres termes, le seul reproche que j'aurais à vous faire, si je puis me permettre, c'est que vous voulez tous paraître trop intelligents. Tout le monde sait que vous l'êtes. Alors pourquoi vouloir le paraître ? », Jacques LACAN, « L'univers symbolique » in *Le Séminaire, Livre II. Le moi dans la théorie de Freud et dans la technique de la psychanalyse,* Éditions du Seuil, Paris, 1978, p. 39.

autre homme[31]. » Cette valeur d'échange (« savoir se vendre »), liée au *regard évaluateur* des autres, *signifie* au moi un rôle dans lequel plus ou moins de *sens* parviendra, tant bien que mal, à se couler.

D'où l'importance d'une action de prévention. Apprendre, très tôt, à penser autrement. *À retourner le regard* qui vous asservit en vous blessant. Résister à une idéologie scientiste (rien à voir avec la scientificité véritable) fétichisant le chiffre, objectivant les êtres, supprimant l'affect, interdisant le rêve. Un monde dépourvu de sens. Pour Proust, une madeleine, un jour, se révéla avoir un *sens*. Surprenant. *Inestimable.* Source de joie, la joie de s'être retrouvé en retrouvant un sens perdu, dans lequel il puisera désormais sa force d'exister, le *conatus* de Spinoza.

Pourquoi parler de « maladie », de « virus », à propos de la valeur ? C'est qu'un virus se reproduit en parasitant le noyau d'une cellule et en y greffant son propre code. La valeur, de même, introduit au cœur d'un être – à son insu – une *signification* étrangère,

---

31. Karl MARX, *Œuvres,* t. I : Économie, « Bibliothèque de la Pléiade », Gallimard, Paris, 1963, p. 582, note *a.* Avec ce miroir, apparaît ainsi dans *Le Capital* la notion de représentation de soi. À noter que Guy Debord, dans *La Société du spectacle* (1967), cite Marx une trentaine de fois.

infantilisante, trompeuse parce qu'elle se donne pour un *sens*. D'autant que toujours s'enchevêtrent la valeur vénale et le mythe de la « force virile », la violence symbolique qu'induit la domination masculine. « En avoir ou pas ».

Dans un monde où les mots deviennent des virus, certaines phrases peuvent *tuer*. Allant *droit à l'enfance*, des mots y imposent leur loi. Touché, on se sent alors « nul », « coupable », « exclu ». On croit *être* et on s'est fait *avoir*. Un tour d'illusion à la fois ontologique *et* politique. Parce que toute la mémoire, on le verra, est l'objet d'une sorte de montage.

L'expression « d'origine modeste » dit tout. « Modeste », le mot, pudiquement substitué à « pauvre », suggère l'acceptation inconsciente, l'inté-riorisation de la « malchance » objective, statistique à laquelle leur origine sociale condamne tant d'êtres. Elle les incite insidieusement à modérer leurs aspira-tions. À être « raisonnables »…

Il n'est ainsi guère étonnant que, sous un masque ou un autre, lorsque se perpétuent, *se reproduisent*, les inégalités sociales les plus insolentes, une déprime puisse frapper les humains stigmatisés par un jugement de valeur. Cette déprime peut être due à l'effondrement d'un moi, de son image, de sa cote, l'origine du krach étant souvent multiple : souffrance au travail, mais aussi chômage, discrimination quelle qu'elle soit, liée à l'ethnie par exemple ou à l'âge[32]. Y aurait-il – horreur ! – un marché du désir ? Lorsqu'il en arrive à croire qu'il ne suscitera plus le désir, qu'« au-delà d'une certaine limite son ticket n'est plus *valable* », que la source de sa force d'exister lui est désormais inaccessible, un être peut en venir à se supprimer. Un meurtre déguisé en suicide, un « assassinat d'âme » dans une chambre qu'un individu s'imaginait définitivement close.

La maladie de la valeur n'a pas besoin de passer à travers les murs pour tuer.

Le traitement de la maladie de la valeur reste encore à découvrir. Les éléments de son diagnostic, pourtant, ont été décrits depuis près de cent cinquante ans par un docteur… en philosophie.

---

32. « Je pense que pour vivre, il faut s'y prendre très jeune, parce qu'après *on perd toute sa valeur* et personne ne vous fera de cadeaux » disait Momo, le petit héros de *La Vie devant soi*, d'Émile Ajar, alias Romain Gary, qui se suicidera.

Le docteur Marx : un diagnostic bien dérangeant

« Le troisième grand résultat de l'affranchissement des communes, c'est la lutte des classes, lutte qui remplit l'histoire moderne. L'Europe moderne est née de la lutte des diverses classes de la société. »

François Guizot, *Histoire de la civilisation en Europe*, septième leçon, 1830.

« Il y a une guerre des classes, c'est un fait, mais c'est ma classe, la classe des riches qui la mène et nous sommes en train de la gagner. »

Warren Buffett, interview de CNN, 25 mai 2006, citée par le *New York Times*, 26 novembre 2006.

Marx est le seul philosophe sans doute à avoir vu trois de ses enfants mourir de faim. Cela se passait au milieu du XIXe siècle, à Londres où il vivait en proscrit. Fait notable, *ce n'est pas une démarche philosophique* qui lui révéla l'importance de l'économie, mais ses fonctions de journaliste à la *Rheinische Zeitung* puis au *New York Tribune*. Il découvre ainsi l'enjeu d'une lutte de classes, le *mécanisme de l'exploitation* : si l'on admet que la valeur représente du travail humain, la plus-value est du surtravail non payé, extorqué par des dominants[33]. Le comble étant qu'ensuite *on prête à ceux qu'on a volés* (B. Friot), *façon de les culpabiliser en les endettant*. Et qu'invariablement, de génération en génération, les inégalités *se reproduisent*. Inégalité de chances, dès la naissance, selon l'origine sociale. Un jeu truqué.

Après une longue période de mise à l'index, le spectre de Marx fait son retour depuis quelques années. On le trouve ainsi dans certains ouvrages notamment, dont le nom du signataire peut surprendre[34].

––––––––––

33. Einstein, oui Einstein, explique parfaitement le mécanisme de la plus-value. « Dans la mesure où le contrat de travail est "libre", le paiement du travailleur tient compte de ses besoins minimaux et se calcule sur le nombre des individus en concurrence par rapport à la masse des forces de travail dont la capitaliste a besoin, et non sur la valeur matérielle des biens produits par le travailleur. C'est là l'essentiel : le paiement du travailleur n'est pas, même en principe, déterminé par la valeur des biens qu'il produit », Albert EINSTEIN, « Pourquoi le socialisme ? » in *Œuvres choisies*, t. V, Éditions du Seuil/CNRS, Paris,1992, p. 184.

34. Jacques ATTALI, *Karl Marx ou l'esprit du monde*. Fayard, Paris, 2005, p. 14-15 : « Marx m'a fasciné par la précision de sa pensée, la force de sa dialectique, la puissance de son raisonnement, la clarté de ses analyses, la férocité de ses critiques, l'humour de ses traits, la clarté de ses concepts. »

Et jusque dans les magazines[35]. « Une méthode d'analyse digne d'admiration », l'avait un jour qualifié un auteur peu suspect de gauchisme échevelé[36]. « Pas d'avenir sans Marx » écrivait Derrida[37]. *La grandeur de Marx* était le titre du livre que Deleuze avait en projet[38].

En ce qui concerne la pertinence, encore actuelle, en effet, des analyses marxiennes du « libéralisme » économique – « le renard libre dans le poulailler libre » –, il n'est pas inutile de comparer deux discours rivalisant d'hypocrisie pour justifier le travail des

---

35. « Marx, une analyse toujours actuelle », *Challenges*, n° 103, du 6 au 12 décembre 2007 ; « Marx, le retour », *Courrier international*, n° 924, 17 juillet 2008 ; « Marx. Les raisons d'une renaissance », *Le Magazine littéraire*, n° 479, octobre 2008 ; « Le grand retour de Marx », *Le Nouvel Observateur*, n° 2337, 20 août 2009 ; « Chroniques marxiennes », France Culture, émission *Les Nouveaux Chemins de la connaissance*, du 14 au 18 février 2011 ; « Marx, le retour », *Philosophie Magazine*, n° 62, août 2012.
36. Valéry GISCARD D'ESTAING, *Démocratie française*, Fayard, Paris, 1976, p. 53 ; et, à la page 42, est utilisé le concept de valeur-travail…
37. Jacques DERRIDA, *Spectres de Marx*, Galilée, Paris, 1993.
38. Jean-Clet MARTIN, *Constellation de la philosophie*, Éditions Kimé, Paris, 2007, p. 135.

enfants. L'un est de 1866, l'autre de 1995 en pleine « mondialisation ». Et cela ne s'est guère arrangé[39].

---

39. – *Premier texte*, 1866, Vivian Hussey (un exploitant des mines) : « Ce désir [d'interdire le travail dans les mines aux enfants de moins de 14 ans] n'est-il pas subordonné à la plus ou moins grande pauvreté des parents ? Ne serait-ce pas une cruauté d'enlever cette ressource à la famille ? Voulez-vous interdire le travail des enfants *sous terre* jusqu'à 14 ans dans tous les cas ? » *Report from the Select Committee of Mines*, 23 juillet 1866 *in* Karl MARX, *Œuvres I, Économie*, annexe IX, « Bibliothèque de la Pléiade », Gallimard, Paris, 1963, p. 1330.

– *Deuxième texte*, 1995, à propos du travail des enfants à Bogota, New Delhi et Marrakech, *The Economist* (9 avril 1994) : « La subordination du commerce aux droits de l'homme aurait un coût supérieur aux bénéfices escomptés. » Un professeur à l'université Cornell, aux États-Unis, suggère : « Si le travail des enfants doit rester illégal là où il est aberrant, comme dans les pays riches, il faut envisager une autre approche quand il représente un phénomène de masse [...], ce serait un désastre pour nombre de familles menacées de périr si leurs enfants n'ont plus le droit de travailler », *International Herald Tribune* du 30 novembre 1994, cité par Serge HALIMI, « Enfants rois » in *Le Monde diplomatique*, janvier 1995, p. 13. Certes, le nombre d'enfants au travail a diminué depuis une dizaine années, mais il était encore évalué à 168 millions en 2013 dans un rappport de l'Organisation internationale du travail (OIT), agence spécialisée de l'ONU.

Lire Le Capital, mais pas seulement

« La lutte des classes a-t-elle un contenu latent ? »
Henri Lefebvre, *Le Manifeste différentialiste*.

C'est pour avoir démasqué cette tricherie violente et parfaitement dissimulée que Marx est honni, craint, censuré, victime d'une véritable omerta. La « pompe à Phynance » étant, selon Jarry, couplée à la « machine à décerveler », se dire « marxiste[40] » sur les médias, c'est s'exposer au qualificatif de « ringard », d'« archaïque » (ce qui n'est jamais le cas lorsqu'on se déclare « platonicien » !). Et n'être plus écouté. Un certain nombre de partis « progressistes » ont même

---

40. « Marxisme est le nom qu'en France et ailleurs on a toujours donné au socialisme lorsqu'on voulait le combattre, le vilipender, l'extirper. C'est au marxisme que Mussolini a déclaré la guerre. C'est le marxisme que Hitler, Göring et leur bande prétendent arracher du sol allemand. Quiconque s'attaque au socialisme, quiconque veut le tourner en dérision ou en faire un objet de haine le qualifie de marxisme. Raison de plus pour relever orgueilleusement, comme jadis les Gueux de Guillaume d'Orange, le nom sous lequel on prétend nous railler ou nous accabler. Oui nous sommes marxistes, oui nous sommes internationalistes. Nous savons parfaitement à quoi cette profession de foi nous expose » (Léon Blum), *in* Jean LACOUTURE, *Léon Blum*, Éditions du Seuil, Paris, 1977, p. 238.

voué Marx aux oubliettes, jetant stupidement un scanner – instrument diagnostique – au prétexte qu'il n'avait pas guéri le malade[41]. Ils se sont ainsi laissé démunir d'une grille d'interprétation particulièrement éclairante, à condition de n'en pas faire un usage dogmatique, exclusif. Une croyance. Car l'émergence d'une découverte permettant de mieux percevoir la réalité – c'est vrai aussi pour celle de Freud – risque toujours d'être traitée comme une « révélation » religieuse, un article de foi.

La lecture de Marx a été souvent décrite en effet comme une révélation, un événement bouleversant. Par Gide[42], par Beauvoir : « Cette notion de plus-value qui m'a donné un choc quand j'avais 18 ou 19 ans. J'ai vraiment compris l'exploitation, l'injustice d'une manière que je pressentais seulement[43]. » Par Sartre : « Je venais d'un milieu bourgeois qui, par conséquent, n'avait même pas entendu parler de la lutte

---

41. « Je n'ai jamais établi de "système socialiste"… », Karl MARX, *Œuvres*, t. II : Économie (suite), « Bibliothèque de la Pléiade », Gallimard, Paris, 1968, p. 1532 et 1536.
42. André GIDE, *Journal 1889-1939*, « Bibliothèque de la Pléiade », Gallimard, Paris, 1957, p. 1280.
43. Simone DE BEAUVOIR, *La Cérémonie des adieux* suivi de *Entretiens avec Jean-Paul Sartre août-septembre 1974*, Gallimard, Paris, 1981, p. 481-482.

des classes[44]. » Il est en effet frappant que le concept de lutte de classes soit à la fois méconnu et incompris. *Méconnu*, obstinément, en raison de la culpabilisation qu'il suscite alors qu'il dévoile une logique, sans se référer à une morale. Il n'y a ici ni « bons » ni « méchants » mais uniquement des êtres plongés au hasard de leur naissance dans une froide logique, celle du profit et d'un rapport de force caché. La logique folle, ubuesque, du monde de la valeur, fétichisant la marchandise et l'argent qui, à leur insu, dicte à ces êtres leur conduite. Un concept en outre tout à fait *incompréhensible* si l'on n'en perçoit pas le contenu latent : le vécu d'une injustice, d'une honte sociale. Une angoisse dont la traduction est la violence[45]. Il

---

44. Jean-Paul Sartre cité *in* Simone DE BEAUVOIR, *La Cérémonie des adieux* suivi de *Entretiens avec Jean-Paul Sartre août-septembre 1974, op. cit.*, p. 486.

45. « Lire Bourdieu dans les années 1970, c'était – c'est toujours – ressentir un *choc ontologique* violent : *l'être qu'on croyait être n'est plus le même, la vision qu'on avait de soi et des autres* dans la société se déchire. Et, pour peu qu'on soit issu soi-même des couches sociales dominées, l'accord intellectuel se double du sentiment de l'évidence vécue, de la véracité de la théorie : la réalité de la *violence symbolique* », extrait d'Annie ERNAUX, « Bourdieu : le chagrin », *Le Monde*, 5 février 2002. « La leçon inaugurale au Collège de France [...] le sentiment d'être parfaitement indigne [...] un sentiment de culpabilité à l'égard de mon père [...]

suffit de se promener dans les rues de Montreuil puis dans celles de Neuilly pour en percevoir l'évidence.

La « classe moyenne » cependant, la zone grise, brouille les cartes, incitant à approfondir l'analyse. La position fascisante, parfois, de certains de ses éléments s'explique certes, en partie, par le fait qu'ils sont les plus menacés par la mondialisation[46]. Reste à en appréhender le terrifiant passage, toujours possible, de la crainte du dépôt de bilan à la férocité nationaliste, raciste. Et c'est ici qu'il faut invoquer d'autres facteurs que l'économie[47]. Parmi ces facteurs,

---

Nuits d'insomnie […] la consécration sociale qui heurte *mon image de moi* […] » *in* Pierre BOURDIEU, *Esquisse pour une auto-analyse*, Éditions Raisons d'agir, Paris, 2004, p. 136-139.

46. « La crise mondiale a pour effet d'opposer les intérêts de la petite bourgeoisie non salariée franco-française et ceux de la bourgeoisie française internationalisée qui délocalise et vend dans différents pays, réduisant ainsi sa dépendance à l'égard de l'économie française […] Il y a donc une véritable lutte des classes à l'intérieur de la bourgeoisie, la petite et la grande », Hélène MARCHAL et Gérard MORDILLAT in *Le fascisme de Mussolini*, Éditions Demopolis, Paris, 2016, p. 89-91.

47. « D'après la conception matérialiste de l'histoire, le facteur déterminant dans l'histoire, est, *en dernière instance*, la production et la reproduction de la vie réelle. Ni Marx ni moi n'avons jamais affirmé rien de plus. Si quelqu'un veut déformer cette proposition jusqu'à lui faire dire que le facteur économique

le discours machiste de la domination masculine dont la place ne doit pas être sous-estimée. Les mots d'ordre « virils » ne sont-ils pas omniprésents – culte du chef, du guerrier national –dans toutes les dictatures, dont le fascisme mussolinien et le nazisme ? Comme si d'une certaine façon la lutte des genres, en distribuant des rôles[48], était *enchevêtrée* – « en avoir ou pas » – avec la lutte des classes. Mais une autre logique, individuelle celle-là, doit encore être prise en compte, difficilement conceptualisable – seul Spinoza s'y était risqué –, la logique des affects. Bref, ne jamais oublier l'angoisse la plus ancienne, fondamentale, ontologique : celle depuis toujours éprouvée face à *l'autre*, l'étranger, le différent. La lutte des consciences de soi évoquée par Hegel, lutte à mort, peur absolue. Il reviendra sans doute à des individus ayant débusqué jusqu'en eux-mêmes l'angoisse que tout pouvoir recèle d'inventer le traitement qui nous

---

est le *seul* déterminant, il la transforme en une phrase vide, abstraite, absurde », Friedrich ENGELS, « lettre à Joseph Bloch », 21 septembre 1890.
48. « Le fascisme, ce n'est pas d'empêcher de dire, c'est d'obliger à dire », Roland BARTHES, *Leçons*, Éditions du Seuil, Paris, 1978, p. 14.

délivrera, enfin, de ce délire que l'on nous présente comme la norme. La maladie de la valeur vénale.

Suprême ironie de l'Histoire, cette causalité enchevêtrée avait été parfaitement comprise et cyniquement utilisé par… le neveu de Freud.

Le neveu de Freud invente l'art de manipuler pour vendre

« Un homme qui achète une voiture se dit probablement qu'il en a besoin pour se déplacer. Son envie tient aussi vraisemblablement au fait que la voiture est un symbole du statut social, une preuve de la réussite en affaires, une façon de complaire à sa femme. »

Edward Bernays, *Propaganda. Comment manipuler l'opinion en démocratie.*

Il y avait eu le neveu de Rameau, le neveu de Wittgenstein, le neveu de Lacan. Tous, personnages de fiction. Edward Bernays, mort en 1995 à 103 ans, bien réel neveu de Freud, est l'inventeur, dans les années 1920, au sortir de la guerre, du concept de « consommateur » et de celui d'« image de marque ». Les besoins sont limités, disait-il, mais pas les désirs. Pour vendre, c'est le désir des individus qu'il faut stimuler – ou révéler –en « ciblant » leurs fantasmes inconscients ou inavoués. Ce que fait la publicité lorsqu'elle confère aux produits les plus banals une charge symbolique capable de modifier la représentation que les consommateurs ont d'eux-mêmes. Et, par là, d'exploiter leur angoisse, de les manipuler. En 1929, à la demande de G.W. Hill, président de l'American Tobacco Company, Edward Bernays amena ainsi les femmes américaines à oser fumer en public. Il y parvint en reliant la cigarette, « symbole phallique », aux campagnes des suffragettes luttant pour la libération de la femme. Les ventes à cette nouvelle clientèle explosèrent[49].

En utilisant avec un certain cynisme le docteur Karl, celui du fétichisme de la marchandise, et l'oncle Sigmund, théoricien du désir, Bernays misait à fond sur une demande, la demande de ce qu'on pourrait appeler une « prothèse symbolique » : ce qui donne l'illusion d'*être*. Il inventa donc le terme « esprit de groupe ». Comment comprendre en effet l'attrait

---

49. Edward BERNAYS, *Propaganda. Comment manipuler l'opinion en démocratie*, La Découverte, Paris, 2007, p. 15-16. « Les psychologues de l'école de Freud ont montré que nos pensées et nos actions sont des substituts compensatoires de désirs que nous avons dû refouler », *id., ibid.*, p. 63.

exercé (pas seulement chez les adolescents) par les griffes, marques et autres « signes de reconnaissance » si l'on n'accorde pas l'attention qu'il mérite à ce niveau intermédiaire qui tient une place si importante dans la thérapie palliative de bien des angoisses : le *groupe*. Cela est vrai aussi en ce qui concerne le champ politique. Il est en effet toujours possible – l'histoire l'a tragiquement montré – d'y voir émerger et prendre le pouvoir une clique prête à tous les dérapages. Celle-ci, même si elle ne possédait pas les moyens de production des marchandises – *en avoir* –, détiendrait les moyens de production de consciences angoissées à la recherche d'une drogue dure : *en être*, d'un groupe, d'un parti dominant. Avoir bien analysé, compris les dangers de l'illusion groupale ou communautaire, c'est avoir déjà commencé à s'en prémunir.

Ainsi, l'angoisse des individus, un sentiment d'humiliation, sont-ils au cœur d'une lutte – de classes, mais pas seulement sociales – afin de persévérer dans leur être. Il leur faut en effet pour cela se délivrer de l'image aliénante d'eux-mêmes à laquelle on les a un jour réduits : « un manœuvre », « une femme », « un Noir », « un vieux », « un fou »... Images du moi qui ne sont en fait que les fragments méconnus d'un discours, d'un code symbolique *dominant*. Or, le drame est que cette image *leur impose un rôle*. Et c'est ici qu'intervient la dimension du *montage*, articulation essentielle, qu'il va falloir essayer de démonter[50].

---

50. Eisenstein n'a cessé de donner au montage une dimension à la fois dynamique – le montage comme *collision*, explosion – et calculée – le montage organise des idées et produit – sur le psychisme du spectateur – des effets, des émotions ; voir « Eisenstein, attraction du montage » *in* Dominique VILLAIN, *Le Montage au cinéma*, Cahiers du cinéma, Paris, 1991, p. 127.

5. Écouter/rêver.
Piste thérapeutique

I. Montage et mémoire : de Cantor à Eisenstein

La maladie bipolaire exige des concepts nouveaux

« Alors que j'alterne euphorie et découragement, Walter Murch, le monteur, est constant, chaleureux et rassurant. »

Francis F. Coppola, Avant-propos du livre de Walter Murch, *En un clin d'œil. Passé, présent et futur du montage.*

Eisenstein à sa table de montage.

« Le grand rond, c'est comme je suis quand ça va. Le petit, c'est comme je suis maintenant. Tout petit, réduit, rétréci… Je n'arrive pas, pour le moment, à *rejoindre le lieu* où j'existe (je ne traverse pas mon propre courant chaud, ma propre haleine).

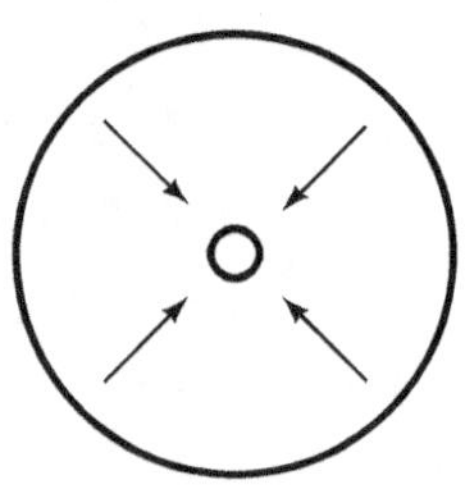

J'écris aussi pour essayer de percer cette extériorité… Je bute aussitôt aux parois du tout petit cercle au milieu du grand absent[51] [...] » Telle était l'image de lui-même qu'un homme – un philosophe en analyse – dessinait, un jour de janvier 1962 alors qu'il était profondément déprimé : un ensemble réduit à un *sous*-ensemble.

Penser le concept d'« ensemble », dit Cantor – inventeur de la théorie des ensembles (1880) – c'est éliminer *la différence de nature* entre les éléments qui le composent[52]. Chaque élément *y perdant sa singularité* se retrouve alors dépourvu de *sens*. Cantor était, lui aussi, un grand déprimé…

Or, la théorie des ensembles recèle un paradoxe que Russell énonce ainsi : « L'ensemble de tous les ensembles n'est pas un ensemble. » Comment s'en sortir ? Cantor propose d'introduire un nouveau

---

51. Louis ALTHUSSER, *Lettres à Franca*, Stock/Imec, Paris, 1998, p. 157-158. Livre important. Comme l'avaient été les *Confessions* de Jean-Jacques Rousseau. Althusser était un analysant de René Diatkine.

52. Georg CANTOR, « Les principaux concepts de la théorie des ensembles » in *Introduction à l'histoire des sciences*, collection « Classiques Hachette » dirigée par Georges Canguilhem, Librairie Hachette, Paris, 1970, p. 78. À noter que Cantor avait eu l'occasion de travailler en profondeur sur les textes de Spinoza.

concept mathématique, celui de « multiplicité », John von Neumann (Neumann János Lajos), lui, parlera de « classe[53] ». La mathématique, on le voit, résiste. C'est qu'elle, elle a, comme dit Jacques Roubaud, un pouvoir thérapeutique : elle protège par l'impression de certitude qu'elle procure[54]. Comme la logique. Mais, cette « impression de certitude » n'est-elle pas, nécessairement, un *affect* ? Ces affects par définition exclus des mathématiques et de la logique…

Que l'on songe par exemple au syllogisme classique démontrant la mortalité de Socrate : « Socrate est un homme. Or, tous les hommes sont mortels. Donc Socrate est mortel. » Syllogisme toujours figuré par une inclusion d'ensembles.

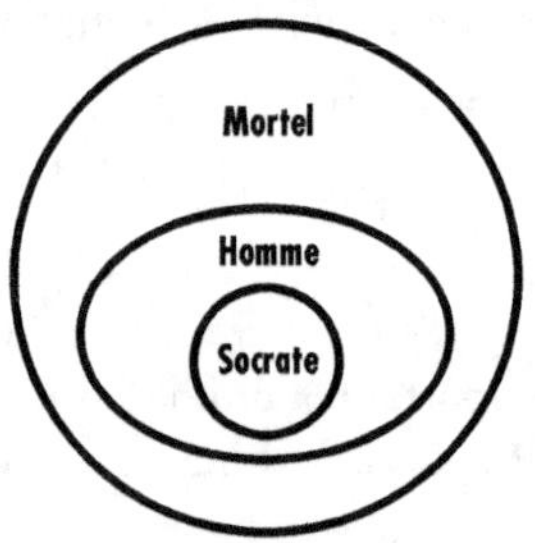

---

53. Nicolas BOURBAKI, *Éléments d'histoire des mathématiques*, Hermann, Paris, 1969, p. 49.
54. Jacques ROUBAUD, *Mathématique : (récit)*, Éditions du Seuil, Paris, 1997, p. 53.

Le problème est que cette proposition, purement logique donc *désaffectée,* jette un voile sur l'essentiel. La dramatique réalité : Socrate avait été *condamné* à mort. Dans les camps d'extermination, l'énoncé « Tous les hommes sont mortels » était dépourvu de sens. La vérité de cette formule était désormais passée dans une autre : « Tous les hommes peuvent être *assassinés*[55]. »

La réalité, en fin de compte, c'est que l'« ensemble » de tous les ensembles n'est sans doute pas mathématisable. Débordant la logique, il lui échappe. Risquons une hypothèse : cette totalité pourrait être la *mémoire.* À chaque instant du présent, en effet, elle fabrique un passé qu'elle ne cessera de totaliser.

Bergson évoquait le danger de se laisser aller « à déduire paresseusement des conséquences selon les règles d'une logique rectiligne[56] » à laquelle il opposait « l'intuition ». De même, il critiquait les philosophies se référant au *temps* infiltré d'espace qui leur venait des « sciences dures », évoquant l'importance de la *durée,* le temps vécu. C'est pourtant à la géométrie

---

55. Günther ANDERS, *L'Obsolescence de l'homme, op. cit.,* p. 269-270.
56. Henri BERGSON, « Le possible et le réel » (1930) in *La Pensée et le Mouvant* (1934), Éditions Skira, Genève, 1946, p. 120.

que lui aussi fait appel dans *Matière et mémoire* pour représenter les mouvements qu'il imagine entre « la totalité des souvenirs disposés en AB » et leur aboutissement, le sommet d'un cône S (« la perception actuelle ») où se cristallisent dans des mots les souvenirs jusque-là « en attente »[57].

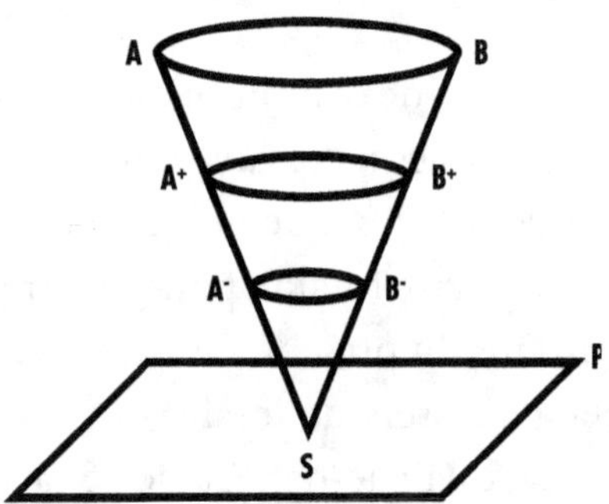

Ce dessin illustre un texte limpide de *Matière et mémoire*. Il oublie cependant, étonnamment, l'essentiel : *l'autre*. La façon dont il nous *affecte*.

Gardons le schéma. Mais en le détournant.

---

57. *Id.*, *Matière et mémoire. Essai sur la relation du corps à l'esprit* (1896), Éditions Skira, Genève, 1946, p. 157-177. Rappelons que Bergson, lycéen, avait eu le premier prix au Concours général de… mathématiques.

S représente maintenant l'image que peut avoir de lui-même un individu à l'intérieur d'un groupe (un point dans un plan), groupe dont la pression ira jusqu'à lui imposer à son insu, *lorsqu'il associera*, ses codes, ses rôles stéréotypés. Cette représentation de lui-même, inéluctablement, provoque un certain *agencement de sa mémoire*, ici réduite à un cône. Les cercles, sections du cône à certains moments de son histoire, ont une surface d'autant plus grande (sont de plus en plus investis d'affects) qu'ils remontent plus loin dans son passé. La plus grande partie de sa mémoire – et par conséquent de ses associations – lui a été ainsi dérobée par cette réorganisation, nécessaire pour s'adapter à l'autre. Mais, prisonnier des cercles qui l'enferment, il lui est impossible de le *comprendre*. Freud, dans *L'interprétation des rêves*, parle de « cercle de pensées[58] ».

Revenons au philosophe déprimé qui, pour représenter l'image qu'il avait de lui-même, dessinait une inclusion de cercles. Il souffrait, comme Cantor, d'un trouble bipolaire maniaco-dépressif. Pathologie au

---

58. *Gedankenkreis* : littéralement « cercle de pensées » ; *Vorstellungsgruppe* : « groupe de représentations ». Sigmund FREUD, *L'interprétation des rêves*, PUF, Paris, 1971, p. 111 et 255.

cours de laquelle, on le sait, le passage d'une humeur à l'autre peut se produire avec une rapidité surprenante. Tout se passe comme si les associations des patients avaient été présélectionnées, triées, leur *mémoire* ayant été successivement l'objet de véritables *montages (dans l'acception cinématographique du terme*[59]*)*. Ce qui se présente alors à eux avec la certitude intuitive d'une totalité, d'un *ensemble*, n'est qu'un *montage* conditionnant à leur insu toutes leurs associations. Tantôt des souvenirs exclusivement heureux, les idées se succédant à toute vitesse ; tantôt, à l'inverse, les scènes les plus accablantes de leur passé. Montage les confirmant donc chaque fois dans leur humeur maniaque ou mélancolique.

Il n'est ainsi pas exclu que le trouble bipolaire maniaco-dépressif – comme le fut l'hystérie à la fin du XIXe siècle – permette une compréhension renouvelée des souffrances dites « psychiques ». Leibniz déjà, deux siècles auparavant, avait eu l'idée d'une monade, fermée, « sans fenêtres ». Point de vue sur le monde, monde elle-même. « Comme *quand*

---

59. Sélection des plans d'un film (ici, tri de scènes du passé allant toutes dans le même *sens*) qui seront assemblés, *associés* dans un ordre indépendant de celui du temps.

on tourne continuellement d'un même sens [...] La mémoire fournit *une espèce de consécution* aux âmes, qui imite la raison, mais qui doit en être distinguée [...] L'imagination forte qui les frappe et émeut vient ou de la grandeur, ou de la multitude des perceptions précédentes [...][60]. » Une anticipation du concept même de « montage de mémoire ». La mémoire, cet être virtuel, singulier, invisible et pourtant géant, si étrangement oublié – sauf par Proust.

La mémoire, un palimpseste de montages ?

« Mon cerveau est un palimpseste et le vôtre aussi, lecteur. Des couches innombrables d'idées, d'images, de sentiments sont tombées successivement sur votre cerveau aussi doucement que la lumière. Il a semblé que chacune ensevelissait la précédente. Mais aucune en réalité n'a péri. »

Charles Baudelaire, *Les Paradis artificiels*.

Ce ne sont donc pas des « ensembles » que l'on retrouverait, stratifiés dans le palimpseste de

---

60. Gottfried W. Leibniz, *La Monadologie*, § 21, § 26 et § 27. Écrit en 1714, en français (mes italiques).

la mémoire, mais des *montages*[61]. Une *théorie du montage* pourrait ainsi être élaborée, qu'avait d'ailleurs anticipée Eisenstein. Il parlait de « raccords pathétiques », des « résonances émotionnelles » que pouvait produire la succession de deux images. Dans un montage, en effet, une « collure », un raccord, apporte quelque chose de nouveau et qui change tout. Or, ce tout est un sens[62]. Le montage, mystérieusement, *produit du sens*. Deux monteurs faisant chacun son choix sur les mêmes rushs donneront naissance à *deux films tout à fait différents quant à leur*

---

61. Rappelons ici la perspective de Félix Guattari : « À la différence de la logique des ensembles, une "machinique" des agencements [...] traversées de champs stratifiés [...] points de singularité [...] cristaux de possible [...] rhizomes pouvant connecter deux points quelconques [...] », Félix GUATTARI, *L'inconscient machinique. essais de schizo-analyse*, Éditions Recherches, Paris, 1979, p. 9-14.
62. « Il s'agit à chaque film, par le montage, de refaire le monde. » L'expression est de Yann Dedet *in* Dominique VILLAIN, *Le montage au cinéma*, *op. cit.*, p. 20. Refaire le monde. Ou le défaire, faudrait-il ajouter, puisqu'un montage est également capable de « lisser » une réalité, de la banaliser. Les journaux télévisés ne sont-ils pas des montages où les « informations » sont réduites à des plans intercalaires entre faits-divers, météo, résultats sportifs, *spots* publicitaires – et cours de la Bourse ?

sens même[63]. À la différence de ce qui se passe dans les « ensembles », ce sont des détails, des singularités qui feront ici la loi. Des bribes qui pourront être des ponts permettant parfois de s'évader d'un montage. C'est ici que le concept de mémoire, comme palimpseste de montages est précieux[64].

« Archives », « villes enfouies », « bloc-notes magique », aucune de ces métaphores de la mémoire ne satisfaisait entièrement Freud. C'est Lou Andreas-Salomé, en 1913, qui suggéra que le cinéma, sa technique, pourrait bien détenir la pièce manquante[65].

---

63. Walter MURCH, *En un clin d'œil. Passé, présent et futur du montage*, Capricci, Nantes, 2012, p. 35.

64. « Entre le *palimpseste* qui porte, superposées l'une sur l'autre, une tragédie grecque, une légende monacale, et une histoire de chevalerie, et le palimpseste divin créé par Dieu, qui est *notre incommensurable mémoire*, se présente cette différence que, dans le premier, il y a comme un chaos fantastique, grotesque, une collision entre des éléments hétérogènes ; tandis que, dans le second, la fatalité du tempérament met forcément une harmonie parmi les éléments les plus disparates. » Charles BAUDELAIRE, *Les Paradis artificiels*, VIII, « Visions d'Oxford », I, « Le Palimpseste » in *Œuvres complètes*, t. I, « Bibliothèque de la Pléiade », Gallimard, Paris, 1980, p. 505.

65. Citée *in* Jean-Louis BAUDRY, *L'Effet cinéma*, « Ça-cinéma », Éditions Albatros, Paris, 1978, p. 29.

Le montage de Koulechov : projection privée

Comment un montage peut-il produire du sens ? L'effet Koulechov apporte des éléments essentiels pour tenter de répondre à cette question. Il peut se résumer ainsi : le *même* gros plan du visage inexpressif d'un acteur paraît exprimer des sensations ou des sentiments aussi différents que la faim, la tristesse ou le désir selon qu'après un montage il succède immédiatement à l'image d'une assiette appétissante, d'un cadavre ou à celui d'une femme « lascivement allongée »[66].

---

66. « L'effet Koulechov », *Iris,* vol. 4, n° 1, 1986. L'effet Koulechov est issu d'une expérience faite en 1920 à l'École de cinéma de Moscou. Voir sur Internet : https://www.youtube.com/watch?v=7mY1lTz_NPw

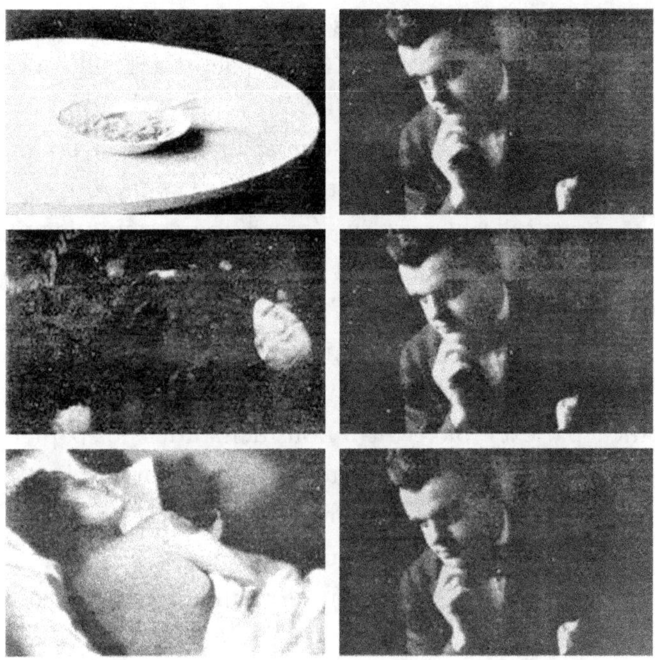

Ce n'est pas un hasard si, dans l'exemple de Koulechov, la deuxième image est celle d'un regard[67]. Koulechov nous révèle en effet ce qui se joue entre deux images pour la seule raison qu'elles ont été

____

67. « Raccorder sur un regard, c'est presque la définition du montage, son ambition suprême en même temps que son assujettissement à la mise en scène », Jean-Luc Godard cité *in* Dominique VILLAIN, *Le Montage au cinéma, op. cit.*, p. 126.

raccordées[68]. Tout se passe comme si, sur « les yeux inexpressifs » de l'acteur (la deuxième image), nous *projetions* à notre insu « quelque chose » d'induit par l'image précédente. Et ce sont *les yeux qui, en devenant un regard,* nous le révèlent.

Toute rencontre est en effet, d'une certaine façon, l'occasion d'un raccord entre deux images. La première est l'image de *l'autre,* telle que nous l'appréhendons dans le premier instant de la rencontre, à partir d'une idée obligatoirement simpliste : « un flic » par exemple. Va-t-il nous demander nos papiers d'identité ? L'affect, suscité par cette première image – nous avons déjà l'impression d'être coupables –, va être projeté sur la deuxième image, les yeux de ce « flic », qui deviennent alors un regard. Et nous commençons, malgré nous, à *vivre* le jugement, *l'idée*

---

68. « C'est à cette époque que je fis une expérience de montage qui est connue à l'étranger comme "l'effet Koulechov". Je faisais alterner le même plan de Mosjoukine avec différents autres plans (assiette de soupe, jeune fille, cercueil d'enfant). Ces plans acquéraient *un sens différent. La découverte me stupéfia* et ainsi je me convainquis de la très grande force du montage », Lev KOULECHOV, « Souvenirs (1918-1920) », *Cahiers du cinéma*, n° 222, juillet 1970 (mes italiques). Voir : https://blogpeda.ac-bordeaux.fr/gmdl/2015/10/16/groupe-comprehension-de-limage/

– nous croyons, à tort, la *lire* dans son regard – que l'autre se fait de nous[69].

Or, cela n'est possible que si notre propre mémoire a été l'objet (juste après la perception du premier cliché) d'un véritable *montage*, puisque nous le « sentons » et que toutes nos associations nous le confirment : nous *sommes* coupables.

> « Un livre doit être la hache qui brise la mer gelée en nous. »
>
> Franz Kafka, « lettre à Oskar Pollak », 27 janvier 1904.

« Je ne sais plus bien où je suis, ni où sont les morceaux de ma vie [...] Je me débats aussi dans de vieux obstacles qui me barrent la vue et me

---

69. Concept que Bergson avait sans doute pressenti, quand il écrivait : « Nous nous plaçons dans une certaine *disposition*, variable avec l'interlocuteur, variable avec la langue qu'il parle, avec le genre d'idées qu'il exprime et surtout avec le mouvement général de sa phrase comme si nous commencions à régler le *ton* de notre travail intellectuel. Le schème moteur, soulignant ses intentions, suivant, de détour en détour, la *courbe* de sa pensée, montre à notre pensée le *chemin*. Il est le récipient vide, déterminant, par sa forme, la forme où tend la masse fluide qui s'y précipite », Henri Bergson, *Matière et mémoire, op. cit.*, p. 126-127 (mes italiques).

désespèrent[70]. » Parce que c'est une *prison sans parois*, un montage de la mémoire peut être en effet la plus subtile, la plus étrange des incarcérations. Le huis clos infernal imaginé par Sartre est presque naïf, à côté. Son inconvénient, surtout, est de suggérer qu'aucune évasion n'en est possible. Un montage, on peut en sortir.

Un montage est d'autant plus insistant, pourtant, d'autant plus meurtrier, qu'il a pu raviver un raccord ancien, une « collure d'enfance » tout imprégnée des premiers affects – une culpabilité souvent. C'est ainsi qu'une *signification* conventionnelle – « un flic » – peut devenir, par le truchement, après l'éclosion d'un regard, un *sens* singulier, le nôtre. C'est le secret de certains raccords, étonnamment dangereux parfois, parce que créateurs de sens. Une continuité jusqu'alors latente qu'un *affect* soudain fait *vivre*[71]. « Se sentir », dit-on. Se sentir « beau » ou « laid », « jeune » ou

---

70. Louis Althusser, *Lettres à Franca, op. cit.*, p. 546 et 547.
71. Gaston Bachelard, *La dialectique de la durée*, PUF, Paris, 2001, p. 113. « Ce qui fait la continuité, c'est toujours une dialectique obscure qui appelle des sentiments à propos d'impressions, des souvenirs à propos de sensations. » Et, p. 116 : « L'action musicale est discontinue. C'est notre résonance sentimentale qui lui apporte la continuité. »

« vieux », « homme » ou « femme », voire « français » en Angleterre, c'est en fin de compte, avoir *conscience d'un rôle* dans la comédie humaine, où la *mythologie dominante* entretenue par la publicité[72] distribue les « beaux » et les « mauvais » rôles.

Les mots qui excluent par les montages qu'ils opèrent

« La vie, toute la vie est un coup monté. »
Antonin Artaud.

Ainsi, c'est sous la forme d'une couleur affective, d'une *humeur*, qu'un montage associatif latent se révèle et qu'*une image* de nous-mêmes nous est imposée à l'instant où, en face de nous, des yeux sont devenus un regard. On ne saurait assez le dire, cette

---

72. « D'ailleurs, avoue-t-on chez Biotherm, les formules pour hommes sont souvent un peu plus musclées [...] La femme a beaucoup obtenu, résumait Nicolas Trussardi. À l'homme de se rattraper en augmentant sa séduction par une virilité un peu sauvage [...] Les soins masculins promeuvent les intitulés "coup de poing". L'homme, aujourd'hui, ose des produits à lui. À condition que ceux-ci ne menacent pas sa virilité, ses prouesses sexuelles, par un argumentaire trop "cosmétique" [...] » ; voir le « Supplément » du journal *Le Monde* du 25 septembre 1999.

image n'est le plus souvent qu'un cliché, un stéréotype en cours dans un certain groupe, un emploi dans une certaine troupe de comédiens. Et c'est d'ailleurs sans doute cette présence, plus ou moins consciente, d'un collectif, d'un clan – on y est reconnu ou exclu – qui affecte le plus douloureusement.

« T'es moche, fais-nous une faveur [on notera le *nous*], suicide-toi ! », avait lu, un jour, sur un « réseau social » une adolescente – avant de se tuer[73]. Dans le *Daily Mail* du 7 août 2013, on pouvait découvrir la photo de quatre adolescents qui s'étaient ainsi suicidés. Sans doute parce que ne leur avaient pas été données les armes qui permettent de résister aux mots, de démasquer les clichés meurtriers d'une meute[74]. Car ce sont des mots qui ont préparé tous les massacres. Des mots qui décrivaient « le physique de Juifs », par exemple, avant de les exterminer. Stupéfiante identité dans le fantasme : les mêmes mots, mais ceux-là, en ce qui concerne les Grands Lacs en Afrique de l'Est, soufflés par les colons du Rwanda et du Burundi au

---

73. Pascale KRÉMER, « Une adolescente sur cinq a déjà tenté de se suicider », lemonde.fr, 5 février 2014.
74.   http://www.lepoint.fr/monde/le-site-ask-fm-dans-le-collimateur-apres-plusieurs-suicides-d-adolescents-09-08-2013-1712786_24.php

début du xxᵉ siècle et ancrés, depuis, dans les esprits autochtones, stigmatisaient les Tutsi (« leurs nez, leurs oreilles ») à la radio des Mille Collines avant que des extrémistes hutu ne procèdent à leur génocide.

Comment en arrive-t-on à se sentir « Noir » en face d'un Blanc, « Juif » sous le regard d'un antisémite, « Tutsi » devant un Hutu ? C'est ici que le concept de montage est précieux. Un montage, objectif, peut être contagieux, suggère Eisenstein. Ce qui *surgit* en effet du *simple enchaînement de deux plans* d'un film met en mouvement (*é-meut*), se propage comme une onde qui *montera* la mémoire d'un spectateur. Eisenstein rapproche ce processus du travail d'interprétation de l'acteur. Il évoque « la technique *interne* par laquelle l'acteur en arrive à éprouver, à être *possédé* par un sentiment vivant qui se déploiera dans l'authenticité de son comportement sur scène ou à l'écran[75] ». Une

---

75. Sergueï Mikhaïlovitch Eisenstein, *Le film : sa forme, son sens*, Christian Bourgois éditeur, Paris, 1976, p. 229. Eisenstein ajoute : « Le principe du montage au cinéma n'est qu'une application partielle *du principe du montage en général.* » Il n'est sans doute pas indifférent de noter que tout ce qui concernait le développement, par Eisenstein, de cette idée a été *omis* dans l'édition soviétique des « Œuvres de S.M. Eisenstein ».

méthode qui consiste, selon lui (Eisenstein était aussi un excellent comédien), à imaginer un décor, des détails représentant divers aspects de la situation à jouer. Une salle de tribunal par exemple, montage objectif « accusateur », peut, en générant un montage subjectif, conduire un être – ou un comédien travaillant son rôle – à « se sentir coupable[76] ».

Et l'on songe ici à la folle colère d'Artaud. Colère provoquée par ceux qui « défilent maintenant devant Van Gogh à qui, de son vivant, eux ou leurs pères et mères, ont si bien tordu le cou[77] ». Artaud, encore, parlant des êtres à qui on a fermé la bouche : « Parce qu'on a eu peur que leur poésie ne sorte des livres et ne renverse la réalité[78]. » Leur poésie ou leur philosophie. Spinoza.

Spinoza avait été excommunié par la synagogue. Exclu par des exclus. Juif au carré, en quelque sorte. Plus « Juif », en somme, que Mortera le rabbin qui l'avait excommunié. Les adversaires de Spinoza ne s'y étaient pas trompés qui le désignaient comme « le

---

76. Processus essentiel dont nous serons amenés à préciser le mécanisme.
77. Antonin ARTAUD, *Van Gogh, le suicidé de la société*, Gallimard, Paris, 2001, p. 94.
78. *Ibid.*, p. 10.

Juif d'Amsterdam ». Renverser la réalité : la condition nécessaire pour survivre lorsqu'on est ainsi victime d'une *double exclusion*. Comme si naître dans un milieu d'exclus conférait le douloureux avantage d'acquérir dès le berceau certains réflexes de défense. Ceux qui permettront plus tard de démonter les codes qui s'opposent à une singularité quelle qu'elle soit. Ce fut le cas pour Spinoza, mais aussi dans une certaine mesure pour Ludwig Börne[79], ce méconnu dont nous reparlerons, ou plus récemment pour Annie Ernaux, Didier Eribon, Édouard Louis. Et bien sûr pour Pierre Bourdieu. Ces transfuges qui s'en sont sortis en devenant bilingues. Ils nous disent, nous crient, qu'exclure c'est chercher à tuer. Mais que l'excommunié peut survivre s'il parvient à *démonter* la fausse évidence des montages dominants.

---

79. Ludwig Börne est le pseudonyme qu'il s'était choisi « pour en finir avec Juda Löb Baruch » aurait-il pu dire, paraphrasant à l'avance un titre d'Édouard Louis.

II. Démontage d'une excommunication : l'analyse de Spinoza

> « J'expliquerai en quel sens il m'arrivait de perdre toute espérance. Or Spinoza m'a toujours *guéri*, et fort promptement. »
>
> Alain, *Histoire de mes pensées.*

Le manteau de Spinoza filmé par Eisenstein

Un fanatique ne supporte pas que l'on critique le dogme où il a trouvé le traitement de son angoisse. Le groupe qui lui a octroyé une identité. En 1656, à Amsterdam, un soir, Spinoza, 24 ans, sortant de la synagogue portugaise, se trouve face à un individu qui le menace de son poignard. Un pas de côté et Spinoza évite le coup qui ne fera que déchirer ses habits. Il gardera toute sa vie le manteau percé. Peu de temps après, il était excommunié. En des termes meurtriers[80].

---

80. La même année (1656) curieusement, en France, un édit royal portait création de l'« Hôpital général », qui ne serait pas un simple refuge, « mais plutôt une institution morale chargée de châtier, de corriger une certaine "vacance" morale, qui ne mérite pas le tribunal des hommes, mais ne saurait être redressée par la seule sévérité de la pénitence ». Cette création *substituait ainsi l'enfermement* à *l'exclusion* : voir Michel FOUCAULT, *Histoire*

Il faut relire le texte de cette excommunication (*Herem*). Sa structure : « 1. *Ledit Spinoza* a été reconnu coupable ; 2. *Nous* l'excluons, le chassons, le maudissons, et l'exécrons ; 3. *Vous* ne devez avoir avec lui aucune relation ni écrite ni verbale. Que personne ne s'approche de lui à moins de quatre coudées. » Chacun de ces termes était répété de façon lancinante, sur un certain *rythme*. Un texte rappelant étonnamment, par sa structure le message assassin de Facebook dont nous avons parlé. Un jugement, une condamnation où le *nous* est présent, la sanction. Un montage. Là encore destiné à provoquer chez sa victime un réagencement de tout l'être à partir d'une modification de son image à ses propres yeux. Cette image si dépendante d'un *nous*.

« Je me voyais, écrit Spinoza, dans un péril extrême et contraint de rechercher de toutes mes forces un remède, fût-il incertain, de même qu'un malade atteint d'une affection mortelle, *pressentant sa mort certaine* si on ne lui applique pas un remède, est contraint de le chercher de toutes ses forces [...][81] »

---

de la folie à l'âge classique, Gallimard, Paris, 1976, p. 86.
81. Baruch Spinoza, *Traité de la réforme de l'entendement*, GF/Flammarion, Paris, 2003, p. 69 (mes italiques).

Car c'est la vie qui est ici en jeu. Hegel l'avait senti, qui parlait d'une « lutte à mort entre deux consciences ». Cette mort, c'est le « déshonneur ». L' « honneur » confère en effet une certaine image de soi mais rend dépendant des autres, dit Spinoza. C'est ainsi que *des mots peuvent tuer*.

L'art de ne pas se suicider – en fait ne pas se laisser tuer –, consiste à leur opposer d'autres mots. À tenter de *se* dire, de *se* reconstruire à travers un refus.

Pour échapper à ce tour d'illusion maléfique, il est indispensable de le démonter. En commençant par le discours qui l'accompagne, le boniment.

Résistance de Spinoza. Son accent. Débarquement sur le « continent Philosophie »

Il n'y a pas plus déterritorialisé, plus dépaysant que le petit Baruch, que Deleuze aimait tant. Ainsi, c'est sur un bateau qu'on le lit le mieux. Ce que fit Henri Landier, le graveur qui en parle si bien. Et mon père.

Avoir un manteau déchiré, ce pourrait être aussi parler une langue avec un accent *étranger*. Une langue blessée, cause de honte. Mais peut-être source d'enrichissement. La trace de quelque chose *d'autre*. Le souvenir d'un voyage. Dans les chansons yiddish, la musique semble écouter la douleur des mots. Baruch gardera ce manteau toute sa vie comme pour s'assurer de ne jamais en oublier la déchirure. La peur face à l'autre, la surprise, devant tant de haine. La nécessité, tout en gardant sa singularité, son *accent*, de ne jamais relâcher sa vigilance[82]. Et l'avertissement qu'il faudra peut-être un jour reprendre la route.

Seul, réfugié dans une île ne figurant sur aucune carte (les biographes perdent sa trace entre 1656, date de son excommunication, et 1661), Spinoza, sans doute au prix d'un travail acharné sur lui-même, parvient à quitter un mode qui le faisait souffrir et à retrouver une substance perdue – sa liberté. L'*Éthique*, généreusement, nous révélera les chemins qu'il dut frayer, lui pour qui « n'avait pas grand poids l'autorité de Platon, d'Aristote, de Socrate, etc.[83] ».

L'*Éthique*, par sa radicale nouveauté, raconte donc un débarquement. Le continent, c'est la philosophie. Un territoire occupé. Envahi par la théologie de l'époque. Le risque est immense. Les bûchers

---

82. *Caute* (« Sois vigilant ») : la devise de Spinoza.
83. Baruch Spinoza, « lettre à Hugo Boxel » in *Œuvres complètes*, « Bibliothèque de la Pléiade », Gallimard, Paris, 1967, p. 1247.

ne sont jamais très loin. Qu'à cela ne tienne, on soignera la préparation. Une organisation logistique qui devra être sans défaut, *more geometrico*. Spinoza apprend le latin et lit Descartes. « Avant, j'étais pensé. Maintenant, je pense. *Et* je suis » aurait-il pu dire après cette lecture attentive, implacable de Descartes, l'homme qui « s'avançait masqué ».

Un petit matin donc, les forces de Spinoza sont parachutées sur cinq plages philosophiques différentes avec la mission d'effectuer une jonction sur la cinquième, dite « De la liberté humaine », la plus avancée. La première vague, habilement camouflée, réussit à tourner la défense d'en face et, comble de l'audace, à installer une tête de pont au cœur de la forteresse adverse : *Dieu*. Cette prise de possession s'inscrit dans le fameux « Par Dieu, j'entends (*intelligo*)[84] [...] » où d'emblée, en quelques mots, Baruch, torpillant le quartier général, reconquiert un territoire jusque-là contrôlé par l'ennemi. Opération qui rappelle étrangement le combat avec l'ange, à la suite de quoi Jacob changea de nom. Israël signifie

---

84. « Par Dieu, j'entends un être absolument infini, c'est-à-dire une substance consistant en une infinité d'attributs, dont chacun exprime une essence éternelle et infinie », Baruch SPINOZA, *Éthique*, I : « De Dieu – Définition VI ».

en effet « celui qui a lutté avec Dieu[85] ». Un corps à corps auquel même Descartes, pourtant si courageux, s'était dérobé. La deuxième vague s'attaque alors au bastion de *la connaissance*. La troisième se hasarde sur un terrain miné dont les philosophes jusque-là s'étaient interdit l'accès : *l'affectivité*. Ne reste plus qu'à démasquer, avant le dernier assaut, la source cachée de tous *les pouvoirs*. Et c'est l'atterrissage, sur la plage de *la liberté*, d'un commando muni de l'arme nouvelle, *la connaissance/compréhension*. Son drapeau est un livre : l'*Éthique*.

L'Éthique : comprendre pour se dés-altérer

« Combien j'aime cet honnête homme
Plus qu'avec des mots ne puis le dire
Pourtant crains qu'il ne reste seul
Avec son auréole rayonnante.
» Il te faut me pardonner avec bonté
Si je songe ici à Münchhausen
Qui, unique en son genre, réussit
À se tirer hors du marécage, par sa propre tresse.
» Tu penses que son exemple nous montre

---

85. ישראל, en hébreu.

Cela même que cette doctrine peut donner aux hommes.

Ne te fie pas à l'apparence rassurante :

Il faut être né pour le sublime. »

Albert Einstein, *À propos de l'*Éthique *de Spinoza*[86].

Toute lecture est projective. Nous mettons ce que nous pensons à l'épreuve de ce que nous lisons. Étonnante « modernité » de Baruch : il résiste et même enrichit des concepts inventés plusieurs siècles après sa mort, ceux de Freud notamment. Comme s'il avait inventé une machine à éternellement comprendre. Car la vraie question, en fin de compte, c'est : *qu'est-ce que comprendre*[87] ? Terme dont la signification est cruciale pour toute l'*Éthique*, dit Macherey[88].

La raison pour laquelle les trois cents pages de l'*Éthique* nous apportent encore une si éblouissante

---

86. Albert EINSTEIN, *Œuvres choisies*, t. V « Sciences, Éthique, Philosophie », Éditions du Seuil/CNRS, Paris, 1991, p. 247-248. Il s'agit d'un extrait d'un poème écrit probablement vers 1920.

87. Pour *comprendre* Descartes, il avait fallu que Spinoza intensément *l'écoute* : qu'il accepte de s'identifier transitoirement à lui, avant de se retrouver. Plus tout à fait le même.

88. Pierre MACHEREY, *Introduction à l'*Éthique *de Spinoza. La cinquième partie. Les voies de la libération*, PUF, Paris, 1997, p. 134.

lumière tient aux quatrième et cinquième définitions de la première partie. Sans doute ne peuvent-elles être vraiment comprises que lorsqu'on est *d'une certaine humeur*, comme on l'est parfois, au sortir d'un rêve, par exemple. Au moment où un peu de réel est fugitivement saisi.

Au début de l'*Éthique* sont en effet successivement définis : substance, attributs et modes. C'est seulement avec le *mode* que *l'autre* surgit dans le livre. Et dans le même temps, avec lui, *l'affect*. « Par mode je comprends les *affections* de la substance, c'est-à-dire ce qui est en *autre chose* [*in alio*] à travers quoi il est aussi conçu[89]. » Le manteau déchiré, ainsi, c'était pour Spinoza la façon dont la *substance*, un jour, à travers l'un de ses attributs, avait été dramatiquement affectée. Une trace que rien n'effacera.

Il arrive qu'une cicatrice reste douloureuse. Douleur *fondatrice* si elle est le point de départ d'une démarche visant à surmonter la peur, délivrer des rôles imposés, déconcerter les faux destins. Se *dés-altérer*. Condition nécessaire si l'on veut retrouver ce que Spinoza nomme la *substance*[90]. Sub-stance,

---

89. Baruch Spinoza, *Éthique*, I, « Définition V ».
90. « Par substance, j'entends ce qui est en soi et est conçu par soi,

invisible *dessous* qui sub-siste, et qui est réellement cause de soi (*causa sui*). Or, c'est à partir de la chose la plus singulière que l'on peut y accéder. En passant de l'idée de cette chose à la réalité des raisons pour lesquelles elle nous affectait. À son *sens*. Le chemin vers une connaissance du troisième genre.

Des affects à la connaissance du troisième genre

« Ce qui me gêne dans l'*Éthique*, c'est que l'expérience qu'elle appelle, l'expérience qu'elle rend possible d'une manière purement théorique, ne me paraît pas pouvoir être atteinte par un homme. En tout cas, elle ne m'a jamais été donnée, et je doute qu'elle ait jamais été donnée à qui que ce soit. »

Ferdinand Alquié, *Leçons sur Spinoza*.

Spinoza oppose les affects *actifs* aux passions, les affects *passifs*. Les affects actifs primaires, la joie, la tristesse attestent l'augmentation ou la diminution de « la force d'exister », de persévérer dans son être. D'oser être. Oser assumer, faire exister en acte son

---

c'est-à-dire ce dont le concept n'a pas besoin du concept d'une autre chose pour être formé », Baruch Spinoza, *Éthique*, I, 3.

essence singulière. En lui donnant un *sens*[91]. Encore faut-il disposer de son propre imaginaire, de toutes ses associations potentielles. Se réapproprier ses affects en les dépassionnant[92].

L'amour-passion, la haine sont en effet des affects *altérés*, subis, accidentels, liés à la représentation que l'on se fait d'un certain *autre*. Une passion (étymologiquement, une *souffrance*) peut ainsi *aliéner* en subordonnant un être à la loi de l'autre, à son regard. Un regard sur quoi, en réalité – effet Koulechov –, on projette le montage de mémoire dont on était devenu captif.

Si nous imaginons – à tort – comme absolument libre cet objet extérieur, nous pouvons être amenés à le fétichiser sous la forme d'une passion ou d'une haine. Folie dont la source est sans doute une histoire oubliée. Celle du regard confiant de l'ancien petit enfant en nous : la « cristallisation imaginaire » chère à Stendhal[93].

---

91. Baruch Spinoza, *Éthique*, V, 39.
92. Pierre Macherey, *Introduction à l'Éthique de Spinoza. La cinquième partie. Les voies de la libération, op. cit.*, p. 56-57 et 68-71.
93. « Ce que j'appelle cristallisation, c'est l'opération de l'esprit qui tire de tout ce qui se présente la découverte que l'objet aimé

Pour échapper à une passion, la prise de conscience d'une causalité à laquelle l'objet de cette passion serait lui-même assujetti ne suffit pas. Il faut en outre que soit retrouvé le libre enchaînement de nos idées. Bref, nous échapper d'un montage fasciné. À la connaissance du deuxième genre (par les concepts), la *connaissance du troisième genre* associe, on l'a vu, l'« intuition » d'une *chose singulière*, pour autant que cette singularité nous *affecte*. La *connaissance/compréhension* réconcilie ainsi rationalité et affectivité. Signification et sens. Lumière *et* chaleur.

Un rêve peut aider à sortir de ces enfermements. En finir avec leur violence latente. Dans la *Recherche*, une nuit, Swann en mal d'Odette rêve qu'il se promène avec un jeune homme en fez et Napoléon III. Dans ce rêve – non dépourvu d'humour –, ce n'est plus Forcheville qui lui a pris Odette, c'est Napoléon III. Dans le même temps, il est remplacé dans son rôle par le jeune homme inconnu et qui pleure. Le matin même, après avoir associé sur ces personnages

---

a de nouvelles perfections », Stendhal, *De l'amour*, Garnier-Flammarion, Paris, 1965, p. 35.

insolites, Swann sortait de son amour malheureux, de sa jalousie, et se « dés-odettait[94] ».

La connaissance du troisième genre. Un abécédaire de l'affectivité dans le monde de la valeur

Chaque matin, devant un miroir, a lieu une mise en scène de l'image du corps. Tout faire pour protéger son apparence des regards que l'on croisera dans la journée.

Qui regarde ? On peut se le demander quand on se contemple dans une glace, car c'est *avec les mots des autres* qu'à ce moment-là on se décrit – « Oh, ces joues !… » – et que, méticuleusement, consciencieusement, on tente de réparer des blessures d'enfance. Un maquillage. C'est en effet sur le corps même que s'inscrit l'abécédaire secret de l'affectivité. L'inscription de caresses ou de gifles anciennes. Les premières joies, les premières tristesses. Un alphabet d'affects qui ne cessera d'invisiblement se recréer au fil des montages induits par la succession des rencontres. Tel pourrait être le sens de la phrase d'Anders placée

---

94. Marcel PROUST, *Du côté de chez Swann*, in *À la recherche du temps perdu*, t. I, « Bibliothèque de la Pléiade », Gallimard, Paris, 1987, réimpr. 1991, p. 372–375.

en épigraphe du présent livre : « Nous sommes tout simplement des analphabètes de l'angoisse. »

Connaître/comprendre. Associer. Mais, pour que ce mouvement délie l'affectivité, génère du sens, il est indispensable qu'il ne se laisse pas détourner par de trompeuses associations-écrans culturelles, philosophiques, par exemple[95]. Elles ne font qu'attester en effet la présence méconnue d'un groupe, de ses codes. Et qu'on le veuille ou non, l'introduction subreptice du « virus de la valeur[96] ». Car le sens est, très tôt, contaminé par la valeur. Dans l'histoire d'un individu, le désir d'être simplement aimé implique

---

95. C'est de cette façon que l'enseignement de la philosophie, que des concours « sanctionnent », peut constituer un véritable obstacle à une spinozienne connaissance du troisième genre. Un interdit de penser. Chaque idée est en effet immédiatement « associée » à des citations, références, renvoyant aux « grands textes philosophiques ». Ces associations-écrans ne font ainsi que s'opposer à toute libre association. Il est heureusement des professeurs pour retracer le combat de certains individus qui, pour des raisons qui leur étaient propres, avaient décidé de s'arracher aux idées reçues de leur époque. Et de les repenser radicalement. Philosophiquement. Il n'y a aucune citation dans l'*Éthique* de Spinoza.
96. Voir p. 61 et suiv.

en effet bien vite celui de voir *reconnue* une certaine image de soi. Une place dans le monde de la valeur.

Le virus de la *valeur* introduit ainsi ses hiérarchies jusque dans les élans affectifs : « C'est mon meilleur ami… », « Qui tu préfères ? » Le désir même est parasité par des jugements de valeur : « beauté », prestige social. Que l'on songe aux jeunes femmes africaines chez qui le « blanchiment de la peau » est, encore maintenant, une pratique fréquente : « Quand on est claire, on a davantage de dragueurs…[97] »

Pascal, déjà, avait décrit cette attirance ambiguë pour un être dont la « valeur » serait capable de valoriser celui qu'il aime[98]. Ce que vient attiser, nous y reviendrons, le mimétisme affectif : « Si nous

---

97. http://www.slateafrique.com/93979/abidjan-les-ravages-du-blanchiment

98. « Celui qui aime quelqu'un à cause de sa beauté, l'aime-t-il ? Non, car la petite vérole qui tuera la beauté sans tuer la personne, fera qu'il ne l'aimera plus. Et si on m'aime pour mon jugement, pour ma mémoire, m'aimera-t-on, moi ? Non, car je puis perdre ces qualités sans me perdre moi-même. Qu'on ne se moque donc plus de ceux qui se font honorer pour des charges et des offices, car *on n'aime personne que pour des qualités empruntées* », Blaise Pascal cité par Pierre MACHEREY, *Identités*, De L'Incidence Éditeur, Saint-Vincent-de-Mercuze (38660), 2013, p. 93-94 (mes italiques).

imaginons que les hommes aiment quelque chose ou le haïssent, nous l'aimerons ou nous le haïrons[99]. » Portés par une pensée opératoire imprégnée de la mythologie dominante, par l'histoire qu'elle raconte subrepticement, les rôles qu'elle nous assigne, des stéréotypes envahissent jusqu'au langage du désir. C'est alors qu'intervient le rêve. Ce bizarre récit qui détient le chemin d'une délivrance possible.

III. Démonter les récits dont nous sommes captifs

« L'adaptation de certains patients à la réalité contribue à donner le change car, de même que l'activité mentale, elle est essentiellement pratique, *opératoire*, et ne correspond pas à un investissement libidinal effectif […] Le magma fantasque de la première enfance, *mélange de sensations et d'affects, étranger à la logique*, est chez eux tenu à distance et, sinon perdu, comme absent. »

Pierre Marty, Michel de M'Uzan, Christian David, *L'investigation psychosomatique*.

---

99. Baruch Spinoza, *Éthique*, III, 29, démonstration.

Pensée opératoire et pensée associative. Une autre narration est possible

« Vous souriez de l'absurdité de votre rêve et vous avez en même temps le sentiment que ce fatras d'extravagances enserre une sorte de pensée, une pensée réelle appartenant à votre vie actuelle, quelque chose qui existe et a toujours existé dans votre cœur. »

Fiodor Mikhaïlovitch Dostoïevski, *L'Idiot*.

Étrange, intime *rencontre*, un rêve chaque nuit nous démontre qu'une autre narration est possible, différente de celles où nous sommes pris. Freud alors nous suggère d'appliquer au rêve une méthode, celle de la libre association. Or, « la règle fondamentale » de cette méthode – laisser venir à l'esprit *n'importe quoi* – implique un choix décisif : *l'abandon de tout jugement de valeur*. Choix révolutionnaire : d'emblée, tout est joué[100]. Une *pensée associative* peut se déployer, différente de la pensée *opératoire*, cette démarche purement logique[101]. Le rêve n'est pas, en effet, une

---

100. Max DORRA, « Pour une révolution de l'entendement », *Chimères*, n° 86, 2015, p. 23.

101. « Il y a quelque chose de gelé, de mort, dans toute pensée opératoire, y compris la pensée psychanalytique », J.-B. PONTALIS, *Entre le rêve et la douleur*, « Connaissance de

énigme policière répondant à une *causalité logique*, mais une histoire inédite régie par une *causalité associative* porteuse de *sens*, ce mot si galvaudé. À noter que Spinoza, étonnant précurseur, avait explicitement fait la différence entre les deux modes de pensée[102].

La *pensée opératoire*[103] a comme exigence d'écarter l'affectivité des individus, d'oublier le clavier de leur mémoire, au prétexte de l'« objectivité », de l'efficacité, de la vitesse que requiert le monde de la valeur. Un monde au discours duquel d'ailleurs il n'est pas facile de résister, tant les récits où il nous enferme, omniprésents, nous soufflent sans que nous en ayons toujours conscience leurs images et leurs mots. Or, en raison de l'efficacité du numérique,

l'inconscient », Gallimard, Paris, 1977, p. 47. Il y a pourtant une résistance incroyable à l'idée de s'engager dans la pensée associative. Freud, vingt ans après la parution de *l'interprétation des rêves*, parlait d'« incompréhension têtue ».

102. Baruch SPINOZA, *Éthique*, II, 18, scolie : « Je dis que cet enchaînement se fait selon l'ordre et l'enchaînement des affections du corps humain, afin de le distinguer de l'enchaînement des idées qui se fait selon l'ordre de l'entendement ; celui-ci permet à l'esprit de percevoir les choses par leurs causes premières et est le même dans tous les hommes. »

103. Pierre MARTY, Michel DE M'UZAN, Christian DAVID, *L'investigation psychosomatique*, PUF, Paris, 1963.

on enseigne maintenant dès l'école la programmation. Enseignement qui se justifie à condition de garder à l'esprit les caractéristiques de la démarche algorithmique[104] : une obéissance stricte à une suite ordonnée d'« instructions » simples, excluant toute contradiction. Une mécanique qui n'est en fait que le squelette de la rationalité. Il lui manque la chair, ce qui permet à une pensée – celle de Descartes en fut un exemple – de *s'arracher* aux discours erronés de l'opinion, à l'emprise des croyances.

En effet, jusque dans les « expériences de pensée » les plus scientifiques, une phase associative est indispensable. Einstein : « La base émotionnelle de ce jeu combinatoire semble être le trait essentiel de la pensée productive [...] Les mots conventionnels ne doivent être laborieusement recherchés que dans une deuxième étape, lorsque le *jeu associatif* mentionné est suffisamment établi [...][105] », « L'invention n'est

---

104. Que la curieuse expression « intelligence artificielle » soit un oxymore, que la digitalisation soit trop souvent galvaudée, ne doit pas faire méconnaître le formidable intérêt de cette avancée technologique. *Il faut reconquérir le numérique.*
105. Albert Einstein, « lettre à Jacques Hadamard », 17 juin 1944, in *Œuvres choisies*, t. IV, Éditions du Seuil/CNRS, Paris, 1989, p. 129 (mes italiques).

pas l'œuvre de la pensée logique, même si le produit final est inséparable d'une mise en forme logique[106]. »

La *pensée associative*, ainsi, est une pensée non opératoire, comme il y a des géométries non-euclidiennes qui, en *enveloppant* l'euclidienne, démontrent qu'elle n'est qu'une géométrie parmi d'autres. Encore faut-il le redire, la « libre » association ne rend à la mémoire sa vie, sa circulation que si l'on en a auparavant démasqué les montages qui insidieusement restreignaient sa liberté. Rappelons que cette idée – cette méthode – avait été plus ou moins consciemment inspirée à Freud par la lecture de Ludwig Börne. Dans *L'art de devenir un écrivain original en trois jours,* on peut lire en effet : « Une honteuse lâcheté nous retient tous de penser. Il est une censure bien plus opprimante que celle des gouvernements, c'est celle de l'opinion publique [...] Ce n'est pas d'esprit mais de caractère que manquent la plupart des écrivains [...] Qui *écoute la voix de son cœur à la place des bruits du marché* et a le courage de propager ce que lui enseigne son cœur, celui-là est toujours original [...] Voici la recette promise. Écrivez pendant trois

---

106. *Id.*, « Documents autobiographiques », *Œuvres choisies,* t. V, *op. cit.*, p. 14.

jours consécutifs, sans falsification ni hypocrisie, *tout ce qui vous passe par la tête*, vous serez stupéfait de voir combien de pensées neuves, jamais encore exprimées, ont jailli en vous [...][107]» Il est frappant que le même Ludwig Börne, précurseur de la méthode de libre association, ait également été un révolutionnaire qui influença Engels et Bakounine. Parlant de « la guerre des pauvres contre l'aristocratie de l'argent [...] », il déclarait : « Jamais un prince n'a donné ou rendu la liberté ; le peuple qui la désire doit la conquérir. On ne donne rien à ceux qui patientent[108] [...] » Ludwig Börne était un curieux homme : « La déconstruction de lui-même qu'il avait entreprise finit par former son identité. Il ne supportait ni les mots ni le fait de valoriser son *moi* [...][109] »

Au total, deux modes de pensée – opératoire (forme limite de la rationalité) et associatif – essentiellement

---

107. Ludwig Börne, « L'art de devenir un écrivain original en trois jours » in *Littoral 2, La main du rêve*, Éditions Érès, octobre 1981, p. 157 à 159.
108. « Lettres de Paris », 19 novembre 1831, *in* Maximilien Rubel, « Introduction » à Karl Marx, *Œuvres,* t. III, « Philosophie », « Bibliothèque de la Pléiade », Gallimard, Paris, 1982, p. XLI (mes italiques).
109. Rachid L'Aoufir, *Ludwig Börne (1786-1837). Un parisien pas comme les autres.* L'Harmattan, Paris, 2004, p. 34-35.

différents. C'est pourtant sans doute l'entrelacement des deux démarches qui est indispensable lorsqu'on tente d'accéder à la connaissance du troisième genre qu'évoque Spinoza.

Certains énoncés philosophiques ont franchi les siècles : « On ne se baigne jamais deux fois dans le même fleuve » ; « L'homme est un loup pour l'homme[110] ». Si ces mots définitivement attachés aux noms d'Héraclite et de Hobbes se sont un jour envolés, c'est parce que leur sens était porté par quelque chose d'autre. Un rythme, l'irruption d'un fleuve, d'un loup. Bref, le surgissement d'une pensée associative, métaphorique, capable de rappeler à la rationalité philosophique la place oubliée de l'affect. De la faire rêver.

Au cours d'une rencontre, au fil des échanges, les vagues associatives de l'autre nous restent évidemment inconnues bien que ce soit notre mélodie qui les suscite. Sont ainsi, parfois, involontairement provoquées des dissonances inattendues, d'imprévisibles

---

110. La première partie de la phrase n'est curieusement jamais citée : « Et certainement, il est également vrai, et que l'homme est un dieu pour l'homme, et que l'homme est aussi un loup pour l'homme », Thomas HOBBES, *Du citoyen* (1642), Librairie générale française, Paris, 1996, p. 53.

sautes d'humeur, qui resteraient inexpliquées si l'on n'évoquait pas, chez l'autre, une harmonie virtuelle inconnue de nous – issue de son histoire singulière – que notre musique est allée réveiller. Telle une sonate pour deux claviers où chacun des pianistes ignorerait les notes de la main gauche, *l'accompagnement* secret, qui donne pourtant sa profondeur à la mélodie de l'autre. On oublie toujours cet accompagnement de toute rencontre : *deux enfants invisibles* et cependant face à face, pris chacun dans une histoire irréductiblement différente.

Il faut apprendre à écouter. Spinoza parle d'« idée d'idée ». On peut, face à l'autre – un patient, par exemple –, *associer sur ses associations*. Le lui laisser entendre par la qualité d'un silence pourrait être une façon de retrouver ensemble un peu de substance commune sous des histoires radicalement différentes. Lui rouvrir, avec le goût des chemins de traverse, le champ de possibles qu'il ne soupçonnait pas. N'ayant plus l'impression d'être un simple écran pour les interprétations, voire les projections de l'écoutant, il pourrait alors, parfois, *se sentir enfin entendu*. Songeons au récit de J.-B. Pontalis lorsqu'il évoque – sans explicitement le nommer – certains moments importants de l'analyse de Georges Perec[111]. Longtemps ils avaient été l'un pour l'autre le parfait analysant (rêvant, associant…) et l'analyste avisé (n'interprétant qu'à bon escient…). Des *rôles*, malgré tout, dans une certaine mesure. Et puis, un jour, quelque chose s'est passé. Entre leurs histoires personnelles, comme si des films avaient été enfin mis en musique, quelqu'un s'est frayé un passage. Une mère, peut-être…

Le rêve et le film : montage, projection

« Projection. Il s'agit toujours de rejeter en dehors ce qu'on refuse de reconnaître en soi-même ou d'être soi-même. »

Jean Laplanche et J.-B. Pontalis, *Vocabulaire de la psychanalyse*, « Projection ».

Qu'on est bien dans une salle obscure ! La musique d'un film paraît souvent alors en complicité avec notre mélodie affective secrète. Mais elle entre

---

111. J.-B. PONTALIS, *Entre le rêve et la douleur*, « Connaissance de l'inconscient », Gallimard, Paris, 1977, p. 263 et *Perdre de vue*, « Connaissance de l'inconscient », Gallimard, Paris, 1988, p. 163. À lire, parallèlement au récit par Perec de son analyse : Georges PEREC, « Les lieux d'une ruse », dans *Penser/Classer*, Hachette, Paris, 1986, p. 59-72.

aussi, du même coup, en résonance avec quelque chose d'autre, une autre musique, silencieuse, celle du montage. Tout film, ainsi, semble pris entre deux strates invisibles : sa musique et son montage. Deux flux. Un rythme. Un battement de cœur, dit Godard. Des modulations aussi, comme autant de changements d'humeur. Regarder un film, c'est se glisser entre ces deux feuillets, entrer dans la peau d'acteurs dansant sur un air qu'ils sont seuls à ne pas entendre.

Un montage, telle est la structure commune à un film et à un rêve. Le « travailleur du rêve », dont parle Freud, est un monteur. Quand il parle de « condensation », Freud a recours à l'image des « photos composites » (surimpressionnées) de Francis Galton. Son ami Fliess évoque « un assemblage de tous les souvenirs ». Les techniques de numérisation actuelles – montage vidéo, montage virtuel (notamment les « incrustations ») – autoriseraient sans doute bien d'autres métaphores.

Walter Murch, le monteur de Coppola, confie qu'il lui arrive rarement de rêver pendant le temps du montage d'un film. « Le film monopolise la partie onirique de mon esprit. » C'est quand il a terminé son montage que les rêves, « impatients jusque-là », se manifestent, dit-il. Murch rapproche la relation réalisateur-monteur de ce qui se passe entre un patient racontant un rêve et l'analyste qui l'écoute. Le rêve et le montage, par exemple, à travers leurs choix, leurs raccords révèlent parfois leur secret à l'instant même où *ils se défendent* contre l'interprétation qui en est proposée[112].

Eisenstein allait jusqu'à affirmer, nous l'avons vu, que le montage au cinéma n'était qu'un cas particulier du principe de montage en général. Comme si le concept de montage était une véritable *forme a priori.* Sous cet angle se préciseraient alors certaines notions couramment utilisées en psychanalyse. Celle de « projection » notamment, qui ne se réduit pas à la définition ensembliste qui en est habituellement donnée : « Ce qui est présupposé dans la définition psychanalytique de la projection : une *bipartition* de la partie de soi qui est refusée[113]. » Car, ce que

---

112. Walter MURCH, *En un clin d'œil. Passé, présent et futur du montage, op. cit.*, p. 50. « Walter Murch, monteur d'un film de Coppola : "Je ne crois pas qu'un monteur puisse imposer à un film une vision qui ne lui préexistait pas. Toutes les remarque que vous avez faites figuraient déjà, sous une forme ou une autre, *dans la tête* de Francis Coppola" » *in* Michael ONDAATJE, *Conversations avec Walter Murch. L'art du montage cinématographique*, Ramsay, Paris, 2009, p. 48.

113. Jean LAPLANCHE, J.-B. PONTALIS, *Vocabulaire de la psychanalyse,*

nous « projetons », en réalité, ce n'est pas une simple partie, un sous-ensemble de nous-mêmes, mais, on l'a vu, toute une réorganisation, un véritable montage invisible de notre mémoire. Montage où la pensée opératoire déroule une logique qu'elle croit libre alors qu'elle n'est que la logique d'un invisible récit.

Du récit considéré comme une machine à influencer. Montages objectifs et subjectifs

« Dans les studios de téléréalité, comme sur la console de jeux vidéo, sur les écrans des téléphones portables et des ordinateurs, de la chambre à coucher jusqu'à l'automobile, la vie quotidienne est en permanence *enveloppée dans un filet narratif* [...] »

Christian Salmon, « Une machine à fabriquer des histoires » in *Le Monde diplomatique*, novembre 2006.

De la mythologie grecque et des textes sacrés des religions jusqu'à la télévision et à Internet, nous vivons en effet l'histoire du monde à travers un monde d'histoires. Histoires dont la redoutable capacité de susciter des émotions dépend du choix de certains

---

« Projection », PUF, Paris, 1971, p. 350 (mes italiques).

détails et plus encore de leur *montage*[114]. L'efficacité de ces narrations, de ces *machines à influencer* dans lesquelles nous baignons, détermine ainsi quasi irrésistiblement notre humeur, notre représentation du monde et jusqu'à nos choix électoraux, parfois[115]. Les affects qu'un récit et ses raccords peuvent susciter sont en effet d'une contagiosité redoutable.

Raconte-moi une histoire ! C'est ce que, dès l'enfance, nous demandons. On pourrait même concevoir, antiphrasant Foucault, une « archéologie du non-savoir », de la méconnaissance, remontant à l'enfance : une poupée, un gendarme, un voleur, ces jeux apparemment innocents (le Monopoly, lui, mange carrément le morceau) qui préparent insidieusement le déni de réalités sociales conflictuelles, dérangeantes[116].

---

114. Serguéï Mikhaïlovitch Eisenstein, in *Cahiers du Cinéma*, n° 222, juillet 1970.

115. « Le succès du *storytelling* ne se limite pas à la direction d'entreprise et à la mercatique, il s'est imposé en dix ans à toutes les institutions au point d'apparaître comme le paradigme de la *révolution culturelle du capitalisme*, une nouvelle norme narrative qui irrigue et formate les secteurs d'activité les plus divers », Christian Salmon, « Une machine à fabriquer des histoires », *Le Monde diplomatique*, novembre 2006.

116. La persistance obstinée de la domination masculine par

Les médias prennent le relais, notamment la télévision devant laquelle les téléspectateurs passent en moyenne, dans le monde, plus de trois heures par jour. Mais aussi, bien sûr, les jeux vidéo. Tout ce qui peut donner l'illusion de « réenchanter la vie ». L'insidieux *mimétisme affectif* [117] aidant, des milllions d'êtres vivent ainsi par procuration des amours, des joies, des tristesses, des colères. Toute la mélodie émotionnelle que leur transmettent les acteurs des séries télévisées ou des jeux vidéo dont ils sont devenus dépendants. Un mimétisme affectif qui prend sa source dans la petite enfance[118]. Processus particulièrement dangereux lorsqu'il transmet une

---

exemple. Ou le fait que la majorité des détenus dans les prisons sont pauvres. Pauvres qui, maintenant encore, lorsqu'ils sont ouvriers, vivent sept ans de moins que les cadres.

117. « Du fait que nous imaginons qu'un objet semblable à nous et pour lequel nous n'éprouvons aucun affect est quant à lui affecté d'un certain affect, nous sommes par là même affectés d'un affect semblable. », Baruch SPINOZA, *Éthique*, III, proposition 27. En décrivant cette « contagion des sentiments », Spinoza anticipait la découverte des « neurones miroirs » *in* Max DORRA, *Lutte des rêves et interprétation des classes. Démontage d'un tour d'illusion, op. cit.*, p. 133.

118. Baruch SPINOZA, *Éthique*, III, proposition 32, scolie.

violence, le sentiment d'une agressive certitude : *ein Volk, ein Reich, ein Führer* !

Or, ces discours narratifs comportent, présélectionnés, infiltrés par la pensée opératoire, des personnages stéréotypés – stéréotypes imprégnés d'idéologie – dont se nourrira l'image que nous avons de nous-mêmes. Notre « identité narrative », dirait Ricœur. C'est en induisant un rôle que le montage objectif d'un récit peut générer un montage subjectif qui à notre insu nous assigne un destin. Destin semblant d'autant plus inéluctable qu'il aura été davantage infiltré par une pensée opératoire, excluant l'analogique donc dépourvue de métaphores. Un jugement sans appel. Double secret, ici encore : l'horizontalité *méconnue* du récit dans lequel nous sommes pris et la verticalité associative *inconsciente* qui l'affecte.

Les événements révolutionnaires eux-mêmes étaient souvent vécus par leurs acteurs à travers un imaginaire hérité du passé, remarquait Marx[119]. La Révolution française, malgré sa radicale

---

119. Karl MARX, *Le 18 Brumaire de Louis Bonaparte*, in *Œuvres*, t. IV : « Politique 1 », « Bibliothèque de la Pléiade », Gallimard, Paris, 1994, p. 437- 441.

nouveauté, se jouait sous le costume romain, avec des phrases romaines. Puis, les récits de 1789 hanteront l'esprit des insurgés de 1848. La Commune de Paris enfin, les révolutions cubaines et chinoises seront constamment présentes dans la tête et le verbe des soixante-huitards parisiens. Il y a ainsi une véritable *lutte des récits*. Jusque dans la vie quotidienne. La collection « Harlequin », bien davantage lue que les œuvres du marquis de Sade, est à cet égard infiniment plus toxique. Qu'est-ce qu'être « un garçon », « une fille », « un Noir », ou « le fils d'une femme de ménage », sinon une lutte jamais achevée contre des identifications réductrices. Un combat où se joue notre liberté.

Expérience de pensée du troisième genre. Une marionnette angoissée voyage dans le temps

Au réveil, les informations. Le sport. La France a été battue en finale. Je n'avais même pas suivi le match la veille, tant m'indifférait ce non-événement, tant m'exaspérait même l'omniprésence du foot dans les médias à l'exception de certains journaux de France Culture. Et pourtant, ce matin-là, je ressens au creux du ventre une assez forte impression de tristesse, de déception, qui me stupéfie.

Le résultat de la partie s'était joué dans les dernières minutes. Pas de chance. Le destin. Ces mots usés, ces clichés dont je croyais avoir depuis longtemps fait le tour me viennent à l'esprit comme malgré moi. De quelle emprise, de quel piège narratif suis-je à mon insu captif ?

À moi Spinoza, Freud, tous les copains ! Je m'avoue, maintenant, que je m'étais quand même laissé un peu contaminer, capturer dans l'horizontalité d'une histoire partout serinée : « Être Français et champion d'Europe, une grande famille, la fraternité, on est les meilleurs, etc. » Dans la rue, la veille, j'avais croisé un groupe de supporters ; l'un d'eux m'avait interpellé sur un ton de joyeuse complicité qui m'avait agacé. Et je me serais tout de même fait avoir ? Mimétisme affectif ? Étrange !

Associons. Comme s'il s'agissait d'un rêve. Verticalement. L'enfance. Un prix, une première place, loupés à l'école. Sérieux, mais pas brillant comme d'autres. Mon image en jeu. Mes parents en attente déçue. Alors, tandis que d'autres choses lentement remontent, peu à peu ma morosité s'efface. Et, assez étonné, je *retrouve*, à l'égard de ce qui m'avait affecté, une indifférence sereine.

Pour délivrer notre frêle et singulière petite musique des passions tristes induites par certaines rencontres, une pensée du troisième genre serait à inventer. À la fois opératoire et associative, elle devrait se déployer dans deux directions. Donner lieu à deux prises de conscience. Démarche qui semble difficile, voire impossible, tant elle déborde les découpages universitaires traditionnels. Peut-on simultanément appréhender une réalité sociale *méconnue* bien que nous y soyons plongés *et* une histoire individuelle ponctuée d'émotions dont l'origine est le plus souvent *inconsciente* ? Comment ne pas perdre Bourdieu quand on lit Freud ou que l'on est sur un divan, comment ne pas oublier Freud quand on enquête sur la misère du monde ? On pense ici à l'illusionniste qui explique un tour aux spectateurs tout en leur en cachant un second.

C'est la représentation que nous avons de nous-mêmes qui *à notre insu* cristallise ce double secret. Celui de notre « moi », le rôle plus ou moins gratifiant qu'un groupe telle une troupe de théâtre nous a insidieusement attribué. *Et*, verticale invisible, la présence de notre passé. *Des histoires secrètes, en quelque sorte perpendiculaires*, comme le sont, sur une partition musicale, une mélodie et son harmonie.

Quel cheminement adopter pour faire face à cette dialectique rusée entre valeur et sens, Balzac et Proust[120] ?

Sans doute faudrait-il, dans un premier temps, *repérer l'histoire* – elle voletait, elle a fondu sur nous comme un oiseau de Hitchcock – où notre image s'est laissé emprisonner. Percevoir son caractère conventionnel. En débusquer les mots qui, nous le sentons anxieusement, tentent de nous incarcérer, sont capables de nous tuer. Ces mots qui pourtant

––––––––––

120. Proust en fait va plus loin. Comme s'il reprenait les analyses mêmes de Marx concernant la forme « valeur », il écrit : « Aucune mathématique ne nous permettant de convertir Mme d'Arpajon et Mme de Montpensier en quantités homogènes, il m'eût été impossible de répondre si on me demandait laquelle me semblait supérieure à l'autre. » Or, c'est pourtant cette question absurde qui pouvait angoisser les deux femmes. Voir *Le Côté de Guermantes II* II in *À la recherche du temps perdu*, « Bibliothèque de la Pléiade », t. II, Gallimard, Paris, 1991, p. 858. Marx en effet, partant de sa découverte – la nature réelle de la valeur d'échange et l'extorsion d'une « plus-value » – décrit, on l'a rappelé, l'univers barbare des humains-marchandises, exploités sans qu'ils en aient conscience. Une fantasmagorie : le monde à l'envers de l'argent. Le nôtre. Celui de l'échange économique mais aussi de la dette, nous y reviendrons. Un univers truqué, le casino de Las Vegas où nous jouons notre vie sans savoir que les dés sont pipés. Un des secrets de l'angoisse.

assignent des rôles stéréotypés (« Je suis la fille qui toujours déçoit ») dans une pièce bourrée de lieux communs (« réussir sa vie »). Une mauvaise comédie, en somme, qu'il n'est cependant pas facile de démasquer tant ses clichés, lorsqu'on nous les colle, sont toujours déjà *pris* dans des récits remontant à l'enfance, donc investis des premiers affects. La forme qu'a dû prendre un jour la mythologie d'une famille pour que nous en incorporions les opinions, la logique apparente. La trompeuse connaissance du premier genre dénoncée par Spinoza. Or, la caractéristique essentielle des affects est qu'ils n'obéissent pas à une *causalité logique* mais à une *causalité associative*. On peut en effet, en associant, retrouver le passé où un affect prenait sa source. *Un passé, à notre insu, monté.*

Le deuxième temps de la démarche consiste donc à identifier le montage qui, à partir d'une image ancienne de nous-mêmes – un enfant culpabilisé, un écolier soumis –, donne un semblant de réalité au récit simpliste mais angoissant, dont nous sommes prisonniers. Incarcérés dans la causalité logique, le fil de ce récit, nous croyions librement penser, « ressentir », et nous nous apercevons avec rage que nous étions « parlés », « agis », à l'instar d'une marionnette angoissée ignorant les fils qui l'activent. L'enchevêtrement trompeur d'un rôle social et d'un agencement de notre passé émotionnel.

L'angoisse, du passé déguisé en futur, disions-nous. Prendre conscience du fait qu'on est captif d'un montage, c'est être déjà quasiment délivré d'un faux destin. « Avoir cassé des os dans sa tête », comme l'expliquait Sartre à ses amis gauchistes de l'après Mai 68 qui ne comprenaient pas qu'en écrivant son Flaubert, il poursuivait une manière d'autoanalyse, tout en allant le même jour militer chez Renault[121]. Réinventant « l'idiot de la famille », il ne remontait pas « le cours du temps », il modifiait son propre passé en le démontant.

Car la causalité associative ne se contente pas, défiant la science-fiction, de remettre en question l'irréversibilité du *temps*. Elle en rend inutile le concept même. Plus n'est alors en effet besoin du « temps » pour assurer une continuité entre des instants, l'affect – plus rapide en quelque sorte que la lumière – s'en charge. L'affect, substance du vécu, porteur de *sens* et

---

121. Philippe Gavi, Jean-Paul Sartre, Pierre Victor [Benni Lévi], *On a raison de se révolter*, Gallimard, Paris, 1974, p. 70-83 et p. 104-106.

pourtant si longtemps écarté de toute démarche spécu-
lative. C'est d'ailleurs précisément ce déni de l'affect
qui fait obstacle à une appréhension philosophique
réelle du « temps ». Cela malgré certaines approches
– celle de Kant[122], celle de Bergson[123] – où, on le sent
bien, quelque chose éperdument tente de s'exprimer.
Heureusement, la musique y pourvoit, indispensable,
essentielle. Bachelard l'avait compris[124].

------

122. « Le temps n'est autre chose que la forme du sens interne,
c'est-à-dire de l'intuition de nous-mêmes et de notre état
intérieur », Emmanuel KANT, *Critique de la raison pure, Œuvres
philosophiques*, t. I : « Des premiers écrits à la *Critique de la raison
pure* (1747-1781) », « Bibliothèque de la Pléiade », Gallimard,
Paris, 1980, p. 794.
123. « Car si, par hasard, les moments de la durée réelle,
aperçus par une conscience attentive, se pénétraient au lieu
de se juxtaposer [...] », Henri BERGSON, *Essai sur les données
immédiates de la conscience* (1898), Éditions Skira, Genève,
1945 p. 180.
124. « Sur le plan musical, par exemple, il nous faudra montrer
que ce qui fait la *continuité*, c'est toujours une dialectique obscure
qui appelle des *sentiments* à propos d'impressions, des *souvenirs*
à propos de sensations [...] des reconstructions sentimentales
qui s'agglomèrent par-delà la sensation réelle grâce au flou et à
la torpeur de l'émotion, grâce au mélange confus des souvenirs
et des espérances [...] », Gaston BACHELARD, *La dialectique de
la durée*, PUF, Paris, 2001, p. 113, réimpr. « Quadrige », PUF,
Paris, 2013 (mes italiques).

Mais il est une autre façon de percer le double secret d'un affect. Passer par le rêve, cette histoire nocturne insolite qui nous fait vivre de si étonnantes ruptures avec les récits habituels. L'étrangeté inventive du rêve, ainsi, s'oppose à la stéréotypie des rêveries. Sous cet angle, la lutte des rêves est le point d'orgue de la lutte des récits. Un rêve peut briser une *identité narrative* qui angoissait ou déprimait en lui substituant une singularité improbable – la nôtre – rouvrant à l'imaginaire tous les possibles[125]. Se sentir perdu par exemple dans une ville oubliée, chercher son chemin. Et se réveiller. Associer sur son rêve alors, c'est se donner une chance de retrouver ce chemin. De changer d'humeur. Et de faire ainsi de ce rêve *un événement.*

Il peut même arriver que le « travailleur du rêve », ce mystérieux créateur inconscient, convoque plusieurs narrateurs. C'est le cas dans *L'injection faite*

---

125. C'est peut-être un échec de cette fonction du rêve qui explique le bizarre et très discuté syndrome des « personnalités multiples » observé aux États-Unis et aux Pays-Bas entre 1980 et 1990. Dans cette pathologie, tout se passe comme si les patients avaient été acculés à s'inventer une multiplicité de personnages, le plus souvent stéréotypés : « un homme de 50 ans », « brutal et voleur », puis « sympathique et travailleur », « une fillette de 5 ans »…

à Irma, le rêve où Freud au fil de ses associations retrouve l'origine d'un sentiment de culpabilité et fait appel à l'ami véritable, le « Dr M*** », en tant qu'avocat contre le procureur « Otto »[126]. Un tribunal onirique où s'affrontent deux montages opposés d'un même dossier.

Le plus surprenant, reste le peu d'intérêt qu'attachent à leurs rêves ceux-là mêmes qui guettent anxieusement d'éventuels messages d'hypothétiques créatures extraterrestres. Où le compositeur du rêve va-t-il en effet chercher ses matériaux ? « Dans » l'univers virtuel propre à chaque être : sa mémoire. De l'autre côté du rêve.

IV. La mémoire, un plurivers

« La chose peut paraître étrange : alors que Freud n'a pas élaboré une théorie de la mémoire, si l'on entend par théorie une construction d'ensemble visant à la synthèse, on peut dire que tous ses écrits ne traitent que de la mémoire ou plutôt des mémoires. »

J.-B. Pontalis, Préface de Sigmund Freud, *Huit études sur la mémoire et ses troubles.*

---

126. Sigmund FREUD, *L'interprétation des rêves, op. cit.*, p. 255-256.

Trous diurnes et restes noirs. Insistance de l'affect

> « Un homme se possède par éclaircies. Et même quand il se possède, il ne s'atteint pas tout à fait. »
> Antonin Artaud.

On se retrouve ainsi, un matin, face au rêve de la nuit. Une histoire inédite, invraisemblable, offerte si on s'y décide, à toutes les associations dont une mémoire est capable. *Mnèmosunè*, cette mémoire dont les Grecs faisaient une divinité. L'ensemble virtuel de tous les montages possibles.

Ce qui, sans grande peine, est rapidement retrouvé : certains détails du jour précédant le rêve. Les *restes diurnes*. Au cours d'une journée, en effet, au hasard des rencontres, nous nous sommes parfois sentis inexplicablement touchés par un mot, un geste, une mimique. Blessure légère, fugitive comme si, dans la fausse clarté du jour, la pensée opératoire n'avait pas laissé à un affect le temps de réellement s'exprimer. Petite griffure vite oubliée, point de départ cependant pour le « travail du rêve[127] ». Relais

---

127. Freud, à propos du « travail du rêve » : « La différence entre ces deux formes de pensée est une différence de nature, c'est pourquoi on ne peut les comparer. Le travail du rêve ne pense

crucial, ce reste diurne est pourtant, curieusement, un des concepts freudiens dont on parle le moins.

Risquons une métaphore. Le « reste diurne » pourrait être, au fil des rencontres, la trace laissée dans la conscience *par l'éclosion secrète d'une réminiscence*, de même que se creuse dans le cosmos un « trou noir » après l'explosion d'une étoile[128]. À la fois *trou diurne et reste noir*, le reste diurne serait alors, à travers l'énergie affective latente de ses condensations, une ouverture possible vers d'anciennes explosions, supernovae de l'enfance. Les scènes de notre lointain passé que, dans le plurivers de la mémoire, un affect avait rapprochées[129].

Triomphe de l'affect. L'étonnant sentiment de « vécu » que donne le rêve perd alors de son mystère : un affect venu de loin avait rendu *vivantes* les créations narratives oniriques les plus étranges

---

pas ni ne calcule ; d'une façon plus générale, *il ne juge pas* ; il se contente de transformer » in *L'interprétation des rêves, op. cit.*, p. 432 (mes italiques).

128. Jean-Pierre LUMINET, *L'enfant qui voulait voir l'invisible*, « Circo », Gallimard/CNRS, Paris, 2007. Voir également à l'adresse : http://www.dailymotion.com/relevance/search/luminet/video/xlybo4_luminet-partie-1_tech

129. « Plurivers », le mot est de Jean-Clet MARTIN, *Plurivers. Essai sur la fin du monde*, PUF, Paris, 2010.

parce qu'il *est*, bien que le plus souvent inavoué, la substance même du vécu. Les affects, informes et prometteurs, merveilleux nuages, seraient ainsi plus essentiels que les représentations. Et même que les concepts. Ces affects qui surgissent tel l'éclair d'une résonance meurtrière entre le regard d'un autre et une enfance, maladie irrémédiable qui interminablement s'écoule selon sa pente. Entre les deux – un regard et une enfance –, intermédiaire hélas indispensable aux premiers repérages de l'autre, un simple cliché, parfois, qui pourtant peut faire mal. *Les stéréotypes sont en effet le plus souvent habités par le noyau d'une ancienne douleur qu'ils sont allés récupérer pour se donner un semblant de vie.* C'est cette douleur, provisoirement apaisée, qu'un mot apparemment banal, un regard, suffisent à réveiller. Car les clichés sont minés par cet affect ancien, tels des terrains de jeu apparemment anodins, innocents, qui recéleraient dans leur sous-sol des grenades de la Première Guerre mondiale, effroyablement rouillées, mais toujours prêtes à exploser.

Face au montage onirique apparemment incompréhensible qui la défie, la mémoire peut être ainsi une machine de guerre lancée en avant par le désir de comprendre. *Une machine à comprendre.* Elle renifle alors le rêve, comme pour y découvrir les explosifs cachés qu'il recèle, puis elle le déchiquette, le morcelle, le *démonte*. Le temps et l'espace mordus, défaits par la libre association, le monstre-mémoire, cette inimaginable singularité va dès lors *s'assimiler* une à une ce qui subsistait du rêve : des miettes potentiellement gigantesques. Le sens du rêve entre dans le passé et soudain l'éclaire, le déploie. Il peut alors, comme s'il avait la force d'arracher une planète à son orbite, faire sortir un être d'une histoire dans laquelle il était à son insu englué, la comptine secrète, toujours la même, source inconsciente de ses anticipations anxieuses.

« Hier, tu m'avais intimidé. Tu n'es plus, ce matin, qu'un de mes restes diurnes. » En associant, le rêveur a retrouvé *son* regard. Libéré de gravitations maléfiques, son passé est maintenant prêt pour de nouvelles aventures.

Dans les *montages de mémoire, le plus court « chemin » entre deux représentations associées serait l'affect qui leur est commun*[130]. Qu'un affect puisse

---

130. Ce n'est pas *l'affect* qui se déplacerait d'une représentation à l'autre, mais les représentations qui glisseraient sur le rail d'un même affect lors de l'interprétation d'un rêve, par exemple. L'affect est par là strictement conforme à la définition d'une

être un chemin est, il est vrai, difficile à concevoir tant l'affectivité est habituellement reléguée hors des objets de la connaissance proprement dite. Sauf par Spinoza.

Géométrie affective de la mémoire : Einstein se glisse entre Spinoza et Freud

> « Riemann est donc, dans l'histoire des mathématiques, un étrange magicien [...] une espèce de barbare dont la réflexion ne sera prise au sérieux que par Einstein, renouvelant ainsi sa vision de l'espace [...] »
> Jean-Clet Martin, *Enfer de la philosophie*.

Quand Spinoza écrit que personne, à sa connaissance, n'a déterminé la nature et la force des affects ni défini la maîtrise qu'en retour l'esprit peut exercer sur eux, affects qu'il faut traiter comme des lignes, des plans ou des corps[131], il ne peut évidemment prévoir qu'au début du XXe siècle un physicien, spinozien comme par hasard, bouleverserait cette même géométrie que, métaphoriquement, il invoquait. Et qu'au-delà de ce bouleversement, un troisième attribut (outre l'étendue

---

structure : relation invariante entre des éléments interchangeables.
131. Baruch SPINOZA, *Éthique*, III, préface.

et la pensée raisonnante) – la pensée associative –serait inventé, permettant de mieux comprendre l'essence même de l'affect : la forme sous laquelle s'exprime *la sensibilité d'une mémoire*.

Il y aurait beaucoup à dire sur la dépression des novateurs en mathématiques. Il en a déjà été question à propos de Cantor. En ce qui concerne Gauss, Riemann et d'autres inventeurs de géométries *non*-euclidiennes, ce *non* à Euclide pourrait être une clé. Celle d'un ancien refus. Le « Non ! » rageur d'un enfant aux interdits du dressage : « Ne rêve pas ! Tiens-toi droit ! » Comme si ces créateurs déprimés avaient senti qu'un interdit du passé pourrait se dissimuler derrière leur mélancolie[132].

Retrouver une dimension oubliée pour s'arracher aux montages où ils se sentaient pris, changer l'espace pour changer d'humeur, c'est peut-être ce que, plus ou moins consciemment, recherchaient ces

---

132. « Dans une expérience devenue classique, Zeigarnik (1927) montre *qu'on se rappelle mieux les actions inachevées que les actions achevées.* Le "Non !" de l'adulte interdit à l'enfant l'action qu'il entreprenait. En conséquence, le nombre croissant d'interdictions laisse dans son sillage un nombre correspondant de tâches inachevées. Leur élément commun, le "Non" […] », René Arped Spitz, *Le Non et le Oui*, PUF, Paris, 1962, p. 34-35.

mathématiciens un peu tristes. Ils retournaient du même coup à certains modes de penser de l'enfance, abandonnant « les plus courts chemins » au profit du vagabondage dans les sentiers de traverse, les courbures sans but.

À l'époque de Newton, deux droites parallèles ne se rencontraient jamais. Interdit. Euclide. S'échappant d'un espace pourtant scellé par Kant, Riemann, un jour, dit *non* à Euclide et plaque les parallèles sur une sphère. Recourbées, devenues des méridiens[133], elles se rencontrent maintenant à un pôle de la sphère. Du coup, Riemann procurera à Einstein le modèle mathématique qui lui faisait défaut.

Einstein, alors, recourbe l'espace-temps. Une boussole que lui avait montrée son père quand il avait 4 ans aura peut-être été la *transerelle*[134] qui le conduisit à faire

---

133. Des « géodésiques » : le plus court chemin d'un point à un autre.

134. Voir Max DORRA, *Lutte des rêves et interprétation des classes. Démontage d'un tour d'illusion*, op. cit., p. 145 : le mot *transerelle* est un néologisme que j'ai proposé, qui signifie « passerelle de transgression ». Objet ou mot apparemment anodin qui fait inexplicablement rêver ou même, à l'occasion, changer d'humeur. Il est en réalité la réplique de l'objet ou du mot que, inconsciemment, tel un corps flottant dans l'œil, nous transportons dans notre mémoire : l'élément commun à des

exploser le montage réducteur emprisonnant les physiciens depuis Newton. Formidable transgression[135].

Einstein peut maintenant *interpréter* l'univers : c'est la matière qui, en recourbant l'espace, y creuse les sillons mêmes où obligatoirement elle coule. Loi de structure. Après cette interprétation, la Terre

---

scènes disparues du passé, le fil qui les reliait, bref, ce qui reste quand on a tout oublié. Ces souvenirs, on peut les retrouver parfois – avec toute leur charge affective – si, à partir de transerelles, on laisse aller les associations, les métaphores. Les transerelles sont donc des véhicules grâce auxquels, en explorant sa propre mémoire, on a une chance de retrouver un sens perdu. Passerelles de transgression, elles peuvent donner accès, si l'on n'a pas trop peur, à des « quartiers interdits » de la mémoire. Exemples de transerelles : triméthylamine du rêve de Freud ; madeleine, pavé mal équarri, petit pan de mur jaune, dans Proust ; parfum de la dame en noir, dans Gaston Leroux.

135. Comme étaient *transgressives* les géométries non-euclidiennes réussissant à *se sortir* des Éléments d'Euclide, archétype de la théorie axiomatisée. Cette théorie qui avait fasciné pendant deux mille ans philosophes et mathématiciens, notamment Gauss, précurseur en matière de géométrie non-euclidienne, mais *qui n'avait pas osé publier ses travaux.* À rapprocher des conseils de prudence qu'avait reçus Paul Langevin, de Jean Perrin notamment, en ce qui concerne ses travaux de 1905-1906, proches de ceux d'Einstein : voir Michel BIEZUNSKI, *Einstein à Paris*, Presses universitaires de Vincennes, Saint-Denis, 1991, p. 130.

tournant autour du Soleil ne fait plus que glisser dans les rigoles de l'espace.

Qu'en est-il de la mémoire ? Ce sont de véritables lois de structure de cet univers virtuel, régissant une sorte de « gravitation » du passé, qui *entrent en crise* à l'instant où l'autre surgit, où son œil devient un regard. Un regard qui nous assigne une certaine image de nous-mêmes. Tout se passe en effet comme si, en face de *l'autre,* cette image avait, tel un astre dans l'espace-temps einsteinien, le curieux pouvoir de changer la structure, la géométrie affective de notre mémoire. De la recourber à sa manière, de la réorganiser *au point d'y créer de nouvelles convergences* prêtes à piéger dans leur montage toute nouvelle représentation.

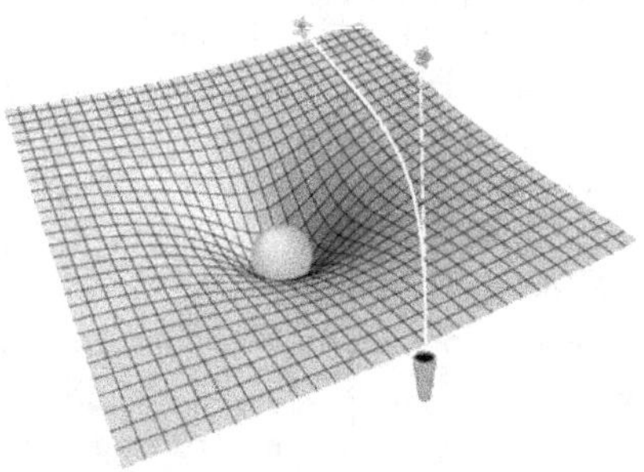

C'est en effet vers cette image de nous-mêmes que toutes nos associations convergent quand nous sommes pris dans un tel montage. Image qui nous a été imposée par l'autre et que cette convergence, précisément, accrédite. D'autant qu'elle est susceptible de réactiver des chemins associatifs anciens, latents jusque-là.

Car ce pôle, cette représentation a une histoire. C'est à partir d'une image de nous-mêmes en effet, il y a bien longtemps, que tout avait commencé : les balbutiements de l'affectivité, l'acquisition des premiers mots, l'émergence des premières structures. Il n'est ainsi pas surprenant que, nous faisant parcourir à rebours un certain chemin, cette « identité » qui nous vient des autres puisse réveiller ce *montage ancien*. Et nous faire retrouver notre effroi devant la boîte à étiquettes où l'on allait nous enfermer.

Courbure de mémoire, courbure d'univers

« Il se peut que la spatialité soit la projection de l'extension de l'appareil psychique. Vraisemblablement aucune autre dérivation. Au lieu des conditions *a priori* de l'appareil psychique selon Kant. Psyché est étendue, n'en sait rien. »

Sigmund Freud, *Résultats, idées, problèmes*, juin 1938.

> « La mémoire n'est pas une machine. Elle est un « être
> psychique » et peut-être même notre *être psychique*. »
> J.-B. Pontalis, Préface à Sigmund Freud, *Huit études*
> *sur la mémoire et ses troubles.*

La *mémoire*, notre « être psychique ». Tout se passe en effet comme si toujours le passé saturait l'air en amont de chaque perception. Rien à voir avec la caverne de Platon. Ici, c'est la guerre. La sensation, lorsqu'elle surgit, est immédiatement assaillie par une invisible armée de revenants. Comment se représenter cette grande ombre, le passé, qui éperdument se cherche un avenir avec la complicité du présent ? Passé *tout entier là*, masqué, prêt à bondir. Tout entier là, avec ses gestes inachevés, ses variations ébauchées, bref un piétinement impatient à la porte de toute perception. Une brindille, une tache sur le mur, un regard, il suffit de s'attarder un peu sur quoi que ce soit qui suscite même fugitivement un affect pour sentir qu'une mémoire est en train de se mesurer au présent. La perception consciente n'est en fin de compte que ce qui subsiste de ces affrontements.

Viennent alors les questions que suggère l'énoncé de Freud, cité en exergue de ce chapitre.

Encore faut-il, pour tenter d'y répondre, convenir de définitions précises. Ce sont celles de Spinoza qui seront ici adoptées. Si « l'esprit est l'idée du corps » en effet, comme il l'énonce, plus n'est alors besoin des formes *a priori* ni du « transcendantal » kantiens. L'espace euclidien s'avère, non pas un *a priori*, mais une forme *imposée* par la structure même de l'appareil sensoriel indispensable pour s'y repérer, appareil organisé – ce ne peut être un hasard – précisément *selon ses trois dimensions*. Il s'agit, on le sait, des canaux semi-circulaires de l'oreille interne[136].

---

136. Tubes osseux contenant un liquide qui, par inertie, se déplace dans le sens inverse des mouvements du corps. Ce liquide exerce ainsi une pression sur la paroi interne de ces canaux semi-circulaires dont *la disposition, dans les trois dimensions de l'espace*, permet un repérage précis de ces mouvements. Aussi incroyable que cela puisse paraître, le détail de ce processus est envisagé par Spinoza qui, selon toute vraisemblance, n'avait pas connaissance de l'existence des canaux semi-circulaires ; voir *Éthique*, II, postulat V : « Quand une partie fluide du corps humain est déterminée par un corps extérieur à heurter souvent une partie molle, elle en change la surface et lui imprime pour ainsi dire certaines traces du corps extérieur qui la pousse. »

Il est d'ailleurs surprenant que, hormis par Henri Poincaré, cette mise en cause n'ait semble-t-il jamais été proposée. Curieux *oubli du corps humain*. Ce corps que Fallope pourtant avait ouvert pour en disséquer l'appareil auditif. Il avait ainsi pu décrire dès 1561, deux cents ans avant la *Critique de la raison pure*, ces canaux orthogonaux dont dépend le contrôle de notre équilibre. Le *vertige*, qui déconstruit l'espace, est engendré par la perturbation de cet appareil sensoriel-là.

Il y a de même, aussi étonnant, un véritable oubli de *la mémoire*, cet être virtuel qui peut être aussi douloureux qu'un corps, l'être actuel[137]. Et c'est

---

137. Mémoire inséparable du corps, rappelle Spinoza, *Éthique*, II, proposition 18, scolie. C'est sous cet angle qu'il évoque l'amnésie d'un poète espagnol. *Éthique*, IV, proposition 39, scolie.

précisément un affect qui assure la continuité entre virtuel et actuel. Lorsque nous associons, quittant « le plus court chemin », les droites certitudes de la pensée opératoire, nous laissons ainsi peu à peu revenir notre passé. L'esprit est entièrement alors, sans qu'il en ait nécessairement conscience, *une idée de cette mémoire-là*. De ses nervures, de ses courbures associatives. « Courbures », ce même mot qui vient de temps en temps sous la plume de Kierkegaard (« on recourbe l'éternité dans le temps par imagination[138] ») de Bergson (« notre courbure d'âme originelle[139] »), de Proust, lorsqu'ils parlent de la mémoire.

Courbures vulnérables en effet car dépendant du montage où elles sont prises. Deux être face à face ont ainsi du mal à comprendre pourquoi, les yeux dans les yeux, ils éprouvent parfois un certain malaise à l'instant où l'œil de l'autre est devenu un regard. Le fait est qu'*on ne peut simultanément appréhender le regard de l'autre et percevoir ses yeux*[140]. Au moment précis où

---

138. Sören Kierkegaard, *Le Concept de l'angoisse*, « Idées », Gallimard, Paris, 1969, p. 154.
139. Henri Bergson, *L'évolution créatrice*, Éditions Skira, Genève, 1945, p. 23.
140. Jean-Paul Sartre, *L'Être et le Néant* (1943), Gallimard, 1971, p. 316.

l'œil de l'autre devient un regard sur nous, l'espace ne se recourbe pas au sens strict, il se métamorphose. De même qu'un vertige signale une lésion de l'appareil de l'équilibre, ce malaise indique qu'une mémoire tout entière, l'organisation même de ses courbures, son montage, ont été modifiés.

Une géométrie de l'affectivité alors se dessine, celle-là même peut-être qu'évoquait Spinoza. Le regard de l'autre, lorsqu'il surgit, est en effet *à la fois* présence immédiate et distance infranchissable, comme si cette présence même, paradoxalement, déployait une distance nous tenant inexplicablement à l'écart[141]. Or, ce passage de l'œil au regard ne traverse rien. Rien qu'un être. Un être, *touché* en effet, dont à cet instant le corps s'enraidit, comme atteint en son cœur. En réalité à sa mémoire. Sartre, un des rares à avoir tenté de décrire ce moment, parle de honte. La honte, un enfant giflé parce qu'il était sale. Penser ce passage de l'œil au regard en *liant* associations et conceptualisations (la connaissance du troisième genre), c'est se donner une chance peut-être de *mieux contrôler*, un jour, la redoutable géométrie de notre propre affectivité. Et rendre ainsi à une mémoire tous ses possibles.

---

141. *Id., Ibid.*

Histoire d'un retournement : la métaphore qui cachait son jeu

Rendre ses possibles à une mémoire, c'est récupérer des modes de perception disparus. Changer le monde. Alors, l'église d'Auvers peut s'arracher à ses clichés. La terrasse d'un café s'envole dans la nuit. Le tremblé du contour chez Van Gogh, la stridence des couleurs, c'est cela. Une brèche dans les souvenirs-écrans. L'instant précis, saisissant, d'un décollage. Décoller, rendre sa disponibilité à la mémoire, son avenir *possible* au passé. Permettre à nouveau *d'écouter* de toute son histoire, de toutes ses histoires potentielles[142].

La métaphore, elle aussi, lorsqu'elle naît d'une *association* sauvage, a son mouvement propre, sa force d'arrachement. Elle aussi, portant au-delà des mots, tire hors du langage. Lien inoubliable, purement

---

142. « Voyager, c'est bien utile, ça fait travailler l'imagination. Tout le reste n'est que déceptions et fatigues. Notre voyage à nous est entièrement imaginaire. Voilà sa force. Il va de la vie à la mort. Hommes, bêtes, villes et choses, tout est imaginé. C'est un roman, rien qu'une histoire fictive. Littré le dit, qui ne se trompe jamais. Et puis d'abord tout le monde peut en faire autant. Il suffit de fermer les yeux. C'est de l'autre côté de la vie », Louis-Ferdinand Céline, exergue du *Voyage au bout de la nuit*.

personnel, entre deux représentations, courbure singulière, chemin intempestif vers la connaissance du troisième genre.

Parler métaphoriquement de « courbure » à propos de la mémoire, source virtuelle de toutes les métaphores, c'est donner un sens, en quelque sorte fractal, à cette partie d'un tout. Qu'est-ce qu'une métaphore en effet ? Le *surgissement* d'une pensée associative s'arrachant à la logique rectiligne de la pensée opératoire.

Freud, dans sa phrase énigmatique, parle de « projection ». La projection d'un volume lui fait perdre une dimension. Une sphère est réduite à un cercle. Retourner la métaphore de la courbure, c'est retrouver sa dimension perdue[143]. Son histoire, sa naissance transgressive. Sa mémoire, justement. Cette métaphore ainsi cachait son jeu. Revisitée, retournée en quelque sorte, elle ne se contente plus de *figurer* une mémoire. Comme si, dans certains cas, alors que le langage abstrait ne parle qu'au figuré, c'est la métaphore qui, produisant une sensation concrète, parlerait au propre[144]. Comme un rêve, elle avait un

---

143. Rappelons le projet d'Eisenstein d'écrire « un livre sphérique ».
144. Henri BERGSON, *La pensée et le mouvant, op. cit.*, p. 49.

contenu latent. Librement associer, alors, devient, en acte, *un mouvement retrouvé* qui, à chaque instant, doit s'arracher à la tangente des codes pour persévérer dans sa courbe, sa singularité toujours menacée. Résister à la pensée opératoire.

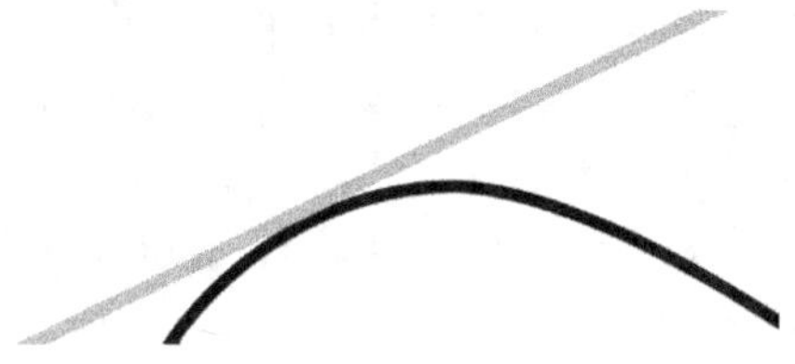

Ainsi, nous croyions exister alors que nous n'étions que les personnages d'une histoire que l'on nous avait racontée. Car nous ne vivons, le plus souvent, que sur la tangente de nous-mêmes. Sortir d'une histoire ou d'une géométrie comme l'osa Bernhard Riemann, c'est être de nouveau capable d'inventer du possible[145]. Deux parallèles ne se rejoignent jamais ? Changeons de géométrie : elles peuvent désormais se

---

145. Lewin : « L'espace incurvé dont la science moderne fait tellement cas peut lui-même constituer une expérience fort précoce de la vie de l'individu, une expérience tombée dans l'oubli sous l'influence des perceptions euclidiennes plus tardives », cité *in* SAMI-ALI, *L'espace imaginaire*, « Connaissance de l'inconscient », Gallimard, Paris, 1974, p. 135.

rencontrer, s'en donner à cœur joie dans le rêve. Qui eût dit qu'une nuit se rejoindraient en songe, pour le meilleur ou pour le pire, Swann et… Napoléon III, et qu'alors Swann changerait d'humeur, c'est-à-dire d'univers affectif ?

Rapprocher une association qui jaillit et une courbure se libérant de sa tangente n'est pas en effet, on l'a vu, qu'une figure de style. Une métaphore produit du sens parce qu'elle provient de l'être même. C'est pourquoi *le sens d'une métaphore*, son élan, peut faire *danser* les mots, délivrer un corps en lui faisant entendre à nouveau les courbures mélodiques d'une mémoire. Et cet élan peut même être contagieux au point de libérer chez l'autre une voie pour ses propres métaphores. Ainsi retrouve-t-on, sans doute, les formes curvilignes qu'invariablement semblent révéler les premiers dessins de tous les enfants du monde[146]… *Car la mémoire est courbe mais elle ne le sait pas.*

Le surprenant énoncé de Freud n'était donc pas aussi paradoxal qu'il pouvait sembler. Peut-être même frayait-il des pistes inédites.

---

146. V. et O. Marc, *Premiers dessins d'enfants. Les tracés de la mémoire*, Nathan, Paris, 2002.

« Quark étrange », « Trou de ver »,« Fontaine blanche », « Mort d'une étoile », « Trou noir » : ces métaphores ne sont-elles pas des associations venues un jour à l'esprit d'un chercheur, avant d'être mathématisées ? Sans parler de la « singularité initiale » du Big Bang où Hawking rejoint Artaud. Déniées au nom de l'« objectivité scientifique », l'affectivité d'un être, ses réminiscences y sont toujours, pourtant, étonnamment présentes.

La chose est manifeste en ce qui concerne le cas particulier du *magnétisme*, ses « attractions », ses « aimants ». On pourrait d'ailleurs se demander si le concept même de champ magnétique, cette troublante entité, ne serait pas la projection de quelque chose d'autre. Un autre « champ » ?

Nous sommes des grains de limaille angoissés. Le champ de la dette et de la culpabilité

« Mais qu'est-ce qu'une vie si on ne se la raconte pas ? Et, nous le savons, pour une seule vie, il y a cent biographies possibles. »

J.-B. Pontalis, *L'amour des commencements*.

Face à un aimant, un grain de limaille, s'il était doté de conscience, serait stupéfait de découvrir que ce qui *l'affectait*, jusqu'à lui assigner une place parmi les autres grains, n'était pas une « maladie intérieure », ni un pouvoir mystérieux issu de l'aimant et agissant à distance, mais une invisible *ligne de force* dans un *champ magnétique*[147]. Vertige ontologique d'un petit morceau de fer méconnaissant le champ magnétique dans lequel il est plongé[148].

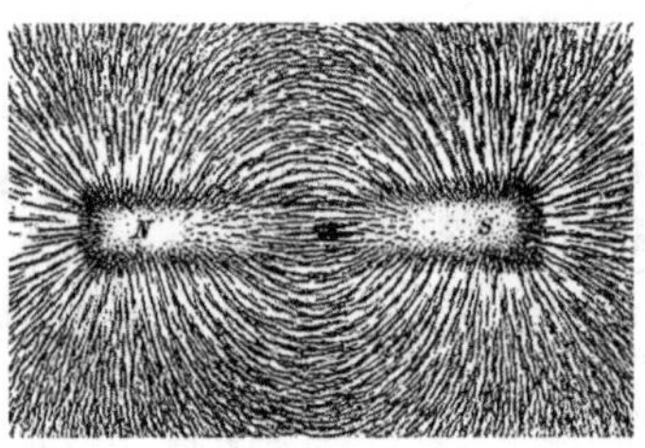

147. Le concept révolutionnaire de « champ », avancé contre Newton par Faraday – apprenti relieur, physicien autodidacte –, sera par la suite une source privilégiée de métaphores. Pour Bourdieu notamment, qui évoquait des « champs » économiques, politiques, culturels, « chaque champ ayant sa logique propre ».
148. Un champ, « réalité autonome qui ne renvoie à rien d'autre et qui n'est liée à aucun support », Albert EINSTEIN, *Œuvres choisies*, t. V, Éditions du Seuil/CNRS, Paris, 1992, p. 84. « Le champ électromagnétique dans l'espace vide est une chose possédant une réalité physique autonome, indépendante de toute substance », Max von Laue *in* Françoise BALIBAR, *Einstein 1905. De l'éther aux quanta*, PUF, Paris, 1992, p. 120.

Le grain de limaille angoissé, ce pourrait être chacun de nous dans le *champ* induit par l'autre. Champ qui nous réorganise à partir d'une certaine image de nous-mêmes, déterminant les lignes de force de nos affects[149]. Deux êtres parfois se croient en conflit, qui en réalité se débattent à leur insu, chacun, à travers les imperceptibles lignes de force du champ narratif qui lui est propre. Une entente amoureuse, à l'inverse, ce peut être une connivence entre « résistants », une complicité ressentie face aux contraintes auxquelles chacun est affronté.

Une parole, lorsqu'on est pris dans ses *lignes de force*, nous assigne, redisons-le, en même temps qu'une place, une certaine représentation de nous-mêmes. Dans l'Allemagne nazie, raconte Victor Klemperer, « la langue ne se contente pas de penser à ma place, elle *dirige aussi mes sentiments*, elle régit tout mon être moral[150] [...] » Une scène de théâtre invisible ainsi se déploie, où l'on

---

149. « Le physicien ardemment réaliste aimera à voir, dans les champs de force, des régions de l'espace où règne une *tension affective* », Gaston BACHELARD, *L'activité rationaliste de la physique contemporaine*, PUF, Paris, 1965, p. 59.
150. Victor KLEMPERER, *LTI, la langue du 3ᵉ Reich*, Albin Michel, Paris, 2003, p. 40.

est captif d'un rôle[151]. D'une identité narrative. C'est ainsi qu'un jour Hitler est arrivé, racontant une autre histoire que celle qu'avaient jusque-là entendue, vécue les Allemands, humiliés, *culpabilisés* par le traité de Versailles. Et la *dette* massive qu'il impliquait. Si tant d'Allemands ont méconnu si longtemps l'horreur du national-socialisme, c'est en grande partie parce qu'il leur offrait un récit et un rôle nouveaux dans lesquels ils retrouvaient une fierté perdue.

La dette, notion en apparence banalement économique, est en réalité un véritable engagement existentiel. *Schuld*, le mot allemand, signifie à la fois « dette » et « faute » : il dit tout sur le lien entre dette et culpabilité. Nietzsche avait bien noté la nature

---

151. Philip Zimbardo monta en 1971 une expérience à l'université de Stanford : des volontaires étaient mis dans la peau de prisonniers et de gardiens. Furent notés le sadisme utilisé par certains « gardiens » ainsi que la dépression et la passivité correspondantes des « prisonniers ». Zimbardo en conclut que *la situation provoque le comportement des participants bien davantage que leur personnalité individuelle*. En ce sens, les résultats de l'expérience corroborent ceux de la célèbre expérience de Milgram, dans laquelle des gens ordinaires administraient à un complice des expérimentateurs et sur ordre d'un professeur ce qui leur était présenté comme des chocs électriques dangereux.

objective-subjective de la dette[152]. Freud, également, l'avait repérée au cours de l'analyse de « L'homme aux rats ». C'est que la dette, invisiblement plongée dans le champ religieux, est liée à une culpabilité : l'histoire notamment du « péché originel » et de la première insoumission, source d'une insolvable dette. Or, il est un moyen de se libérer de ces contes : les interpréter comme de mauvais rêves[153]. En associant. Car ce sont des *affects* issus de l'enfance qui *composent* le personnage du « débiteur ». Un être qui vit comme une fatalité subjective le fallacieux destin que le montage objectif de la dette insidieusement lui assigne. La relation entre un débiteur et un créancier illustre, d'une certaine façon, *l'essence même du pouvoir : la*

---

152. Dans *Généalogie de la morale* : « Le concept moral essentiel de "faute" tire son origine de l'idée toute matérielle de dette". » Nietzsche insiste sur le fait que le débiteur donne parfois en gage sa liberté, son corps, voire sa vie. Idée que reprennent Gilles Deleuze et Félix Guattari dans *Capitalisme et schizophrénie 1. L'Anti-Œdipe*, « Critique », Minuit, Paris, 1972, ainsi que Maurizio Lazzarato dans *La fabrique de l'homme endetté. Essai sur la condition néolibérale*, Éditions Amsterdam, Paris, 2011.
153. Spinoza, dans la préface d'*Autorité théologique et politique* remarque que, dans la Bible, c'est souvent en songe que Dieu s'adresse à un prophète, par exemple Ex. 25, 22, Ge. 20, 6 : « En songe, il entendit Dieu lui dire [...] »

capacité d'angoisser en montant une mémoire. Dès que l'on emprunte, en effet, on entre dans la subordination. C'est le cas, par exemple, des prêts consentis aux « pays pauvres » à qui l'on fait croire qu'ils « vivent au-dessus de leurs moyens ». Toute dette peut ainsi incarcérer des êtres dans le montage induit par un regard culpabilisant.

Dans les rêves de Descartes et de Freud, dans les notes autobiographiques d'Einstein, une étrange culpabilité

« Newton, *pardonne-moi*. Tu as trouvé tout ce qu'il était possible en ton temps de trouver pour un homme doué de l'intelligence et de la créativité les plus puissantes. Bien que nous sachions à présent qu'il faut, si nous voulons essayer d'avoir une compréhension plus profonde des relations des choses entre elles, les remplacer par des idées plus éloignées de l'expérience immédiate, les idées dont tu es l'auteur dominent encore notre façon de penser la physique. »

Albert Einstein, *Notes autobiographiques*[154].

---

154. Banesh HOFFMANN (avec la collaboration de Helen DUKAS), *Albert Einstein créateur et rebelle*, « Points Sciences », Éditions du Seuil, 1975, Paris, p. 267.

Des histoires, avant tout celle de la culpabilité – présente dès le premier rêve interprété par Freud – insidieusement nous environnent, nous hantent. Pirandello décrivait des personnages en quête d'auteur. On pourrait ici évoquer *des récits en attente de personnages*. De ces stéréotypes, mythes assurant la cohésion des groupes, les fantasmes des individus se nourriront. Des histoires dans lesquelles nous sommes, à notre insu, du matin au soir plongés et auxquelles, étrangement, nous avons bien du mal à résister. Ce pourquoi « nous sommes automates dans les trois quarts de nos actions » comme disait Leibniz.

Nous sommes en effet, dès l'enfance, pris en otages par des mots. Que nous en prenions conscience ne suffit pas pour nous en délivrer. Quand Descartes écrit « Je pense, donc […] », il est déjà, par ce *donc*, captif d'un syllogisme, dans la droite ligne d'une pensée opératoire. « J'userai, s'il vous plaît, ici librement des mots de l'École », dira cet homme passionné, baissant un moment le masque[155]. Il ne peut dès lors que méconnaître, alors qu'il se croit libre, la nature

---

155. René DESCARTES, *Discours de la méthode* in *Œuvres et lettres*, « Bibliothèque de la Pléiade », Gallimard, Paris, 1966, p. 149.

réelle de ce *Je* : l'identité du logicien[156] qu'il emprunte pour convaincre des philosophes. N'étant plus, à son insu, qu'un fragment dans le champ de leur discours, *je*, dès lors, *est pensé*. On peut ainsi imaginer que son *je suis* conclusif est davantage lié à une pensée associative sous-jacente qu'à une certitude logique. « "Je mêle insensiblement mes rêveries du jour avec celle de la nuit". Jouant sur le mot, Descartes superpose le sens de *méditation* à celui de *rêve*. Il glisse de l'un à l'autre comme du sommeil à la veille[157]. » Cela, note Christian Doumet, avait été manifeste d'ailleurs vingt ans auparavant lorsque, sortant de trois songes consécutifs, il les avait interprétés. Notons d'ailleurs, là encore, qu'il y avait retrouvé, selon le récit de Baillet, « les remords de sa conscience touchant *les péchés qu'il pouvait avoir commis* pendant le cours de sa vie passée qui pouvait ne pas avoir été aussi innocente devant Dieu que devant les hommes ».

------

156. « Pour la logique, ses syllogismes et la plupart de ses autres instructions servent plutôt à expliquer à autrui les choses qu'on sait [...] », René DESCARTES, *Discours de la méthode* in *Œuvres et lettres, op. cit.*, p. 136-137.

157. Christian DOUMET, *La déraison poétique des philosophes*, « l'autre pensée », Stock, Paris, 2010, p. 121. Il faut lire, sur la relation de Descartes au rêve, le commentaire de l'auteur : *ibid.* p. 136-145.

C'était en 1619. Trois cents ans, curieusement, avant qu'une éclipse de soleil ait permis des observations décisives en ce qui concerne l'astrophysique : les rayons lumineux émis par une étoile ne se propagent pas en ligne droite mais suivent la courbure de l'espace au voisinage du soleil. La théorie d'Einstein, issue d'une expérience de pensée quasi onirique – se déplacer à la vitesse de la lumière –, en rupture avec celle de Newton (« pardonne-moi »…), était vérifiée. Riemann avait gagné. Et Mozart.

La musique entend

« Pour Spinoza, le psychique et le physique ne sont que des formes phénoménales différentes, régies par les mêmes lois, d'une seule réalité. »

Albert Einstein, « lettre à la société Spinoza d'Amérique ».

« C'est de la plus haute musique dans l'ordre de la pensée » s'écrie Einstein après avoir lu un article du physicien Niels Bohr[158]. Et en ce qui concerne ses propres travaux : « La découverte de la relativité

---

158. Cité par Georges DIDI-HUBERMAN, *Quand les images prennent position*, « Paradoxe », Minuit, Paris, 2009, p. 216.

restreinte m'est arrivée par *intuition*, et *la musique était la force motrice* derrière cette intuition. Ma découverte est le résultat de la perception musicale[159]. »

Einstein livre ici une clé précieuse. La physique newtonnienne, euclidienne, n'autorisait qu'une théorie imparfaite de la gravitation. Il fallut

---

159. http://www.solidariteetprogres.org/documents-de-fond-7/culture/la-musique-secret-du-genie-d-einstein.html

qu'Einstein, grâce à la géométrie de Riemann, créât une physique nouvelle pour que se résolvent les problèmes laissés en suspens par Newton. Or, la musique est au langage ce que la géométrie riemannienne est à la géométrie euclidienne : elle va plus loin que le verbe, même poétique, insuffisant quand il s'agit d'exprimer un affect. Au trajet discontinu des mots, toujours alourdis par des codes, elle substitue la continuité vécue de ses courbures mélodiques rappelant les courbures de la mémoire. Un *phrasé* plutôt que des phrases. Et il s'agit vraiment de *courbures* s'arrachant à une tangente comme le fait la pensée associative. À chaque instant en effet, à chaque inflexion, elles semblent protester : « Nous ne sommes pas cela, ces thèmes, ces fragments d'œuvres passées. Nous ne suivons que la ligne de notre désir [...] » Un combat pour persévérer dans la substance même de son être, c'est ce que la musique fait *entendre*. Délivrée du langage, elle peut même *écouter*, jusqu'à l'indiscrétion parfois, tant elle sait débusquer le plus intime, passer *entre* les mots, et *entendre* l'oublié dans la mémoire d'un être[160]. Car ce n'est pas la culture qui

---

160. Une petite phrase musicale, un jour, avait soudainement fait revivre à un patient un instant oublié, celui de son premier

reste quand on a tout oublié, c'est l'affect. Il y a une « hypermnésie de la musique », de même que Freud parlait d'« hypermnésie du rêve ». Certes, une parole parfois de tous ses mots souplement écoute. Mais une mélodie, c'est avec ses variations, ses ruptures, ses rythmes, qu'elle mime pour mieux les capter, les frémissements d'une mémoire. Sans mots, elle lui raconte alors, pour le meilleur ou pour le pire, des attentes satisfaites ou déçues, des renversements de situation, des irruptions. L'inachèvement, l'imprévisible de la relation à l'autre. C'est par là, sans doute, par la liberté de ses improvisations, qu'elle avait ouvert à Einstein un champ de possible. Celui d'affronter les contraintes qui depuis Newton incarcéraient les physiciens. Et d'oser recourber l'univers.

On peut alors, comme l'avait soupçonné Freud, faire l'hypothèse que l'espace lui-même pourrait n'être que la « projection » de quelque chose d'autre. Quelque chose qui n'aurait pas seulement une dimension de plus mais serait, par essence, différent. Car l'espace physique, ses champs, c'est à travers notre invisible passé que nous le considérons. Et nous

---

pas. Un saut dans l'inconnu. Un *mouvement* décisif vers la liberté.

n'y *percevons* bien souvent que ce qui était à l'état latent dans notre mémoire. Plus précisément dans un montage de celle-ci. Un gel d'enfance.

L'espace aimanté de l'enfance, ses terreurs et ses joies, ses résignations et ses refus, sa dépendance, telle pourrait être l'origine d'une sorte de champ unitaire commun, encore difficilement concevable. L'enfance « occupée », telles ces années où le seul choix était d'être résistant (camouflé), collabo, ou, le plus souvent, de rester craintivement silencieux. Les prétendus « secrets de famille » sont en effet des mystères-écrans. Le vrai secret des photos de famille, c'est la petite chanson que, derrière l'objectif, cherchait à inscrire un terrible regard. Cet air ancien dont on ne peut *délivrer son enfance*, la sortir de l'assujettissement, qu'en osant réinventer, en réalité retrouver, sa propre et singulière musique. Pour qu'un enfant, toujours présent mais enfin déculpabilisé, libre, puisse comme Einstein tirer la langue à tous les importants[161].

---

161. Albert Einstein : « J'ai toujours eu de la difficulté à accepter l'autorité, et ici, tirer la langue à un photographe qui s'attend sûrement à une pose plus solennelle, cela signifie que l'on *refuse* de se prêter au jeu de la représentation, que l'on se *refuse* à livrer une image de soi conforme aux règles du genre » (mes italiques).

Théorie « ultime » et pulsation ontologique

« On ne sait rien dans l'immersion pure, dans l'en-soi, dans le terreau du *trop-près*. On ne saura rien non plus dans l'abstraction pure, dans la transcendance hautaine, dans le ciel du *trop-loin*. Pour savoir, il faut prendre position, ce qui suppose de se mouvoir et de constamment assumer la responsabilité d'un tel mouvement. Ce mouvement est *approche* autant qu'*écart* : approche avec réserve, écart avec désir. »

Georges Didi-Huberman,
Quand les images prennent position.

Sans doute, une théorie réconciliant définitivement la relativité générale et la mécanique quantique émergera un jour en physique. On peut, dans un champ apparemment tout différent, imaginer une autre démarche, plus libératrice encore que celles permettant d'explorer le cosmos. Réunissant Einstein et Freud[162], elle autoriserait une extraordinaire aventure : le voyage affectif nous permettant d'aller

---

162. Cela, Einstein l'avait, semble-t-il, pressenti puisque, invité en 1932 par la Société des Nations à débattre du problème qui lui plairait avec une personne de son choix, c'était Freud qu'il avait choisi, l'invitant à discuter avec lui de la question : « Pourquoi la guerre ? »

à l'autre sans nous perdre nous-mêmes. Un *aller et retour* risqué puisque l'autre en nous angoissant peut nous priver du billet de retour.

Une pulsation. *Aller à l'autre*, c'est accepter de sentir un moment sa propre mémoire réduite à un montage, montage adapté à la présence de l'étranger. *Sans se perdre soi-même* : retrouver au retour sa singularité, une singularité évolutive si elle est de mieux en mieux assumée. Redécouvrir ainsi l'infinité des montages potentiels. La liberté.

Le montage est un battement de cœur, dit Godard. Le corps physique a ses rythmes propres, certes, mais tout se passe comme s'il était invisiblement doublé d'un autre corps, le « Corps sans Organes » d'Artaud peut-être, l'être géant, virtuel, de la mémoire[163]. Or, c'est *l'existence* de cet être virtuel, sa pulsatilité singulière, qui donne son *style*, son sens au corps physique. Murch, génial monteur, remarquait qu'au moment d'un échange, les yeux parfois clignent lorsque, interrompant l'histoire que chacun en secret se racontait, un raccord survient qui annonce un montage

---

163. Ce qui renvoie à Proust. Proust qui écrivait à propos d'Einstein : « Nous avons paraît-il une manière analogue de déformer le Temps. » Marcel PROUST, *Lettres*, Plon, Paris, 2004, p. 1053 (lettre de la nuit du 9 au 10 décembre 1921).

nouveau[164]. Notre regard se détourne alors un instant du regard de l'autre, le temps de se retrouver.

L'autre. Un choc émotionnel fracassant toutes les théories. Moment d'égarement ontologique, avant tout repérage social. Une forme, une couleur, jamais rencontrées. Des mouvements aussi, des gestes, une chorégraphie nouvelle. L'essence inconnue d'un être, ses étranges dissonances, ses rythmes imprévisibles, son timbre insolite : la musique en semble proche, mais elle n'en rend pas totalement compte. Elle n'en est que la métaphore. Car c'est du clavier de notre mémoire qu'il s'agit ici, dont chaque touche peut nous *affecter*, risquant de tout entier nous réorganiser. Il n'y a plus ainsi de sujet ni d'objet, mais ce clavier

---

164. « L'attention inconsciente que l'on porte aux clignements d'yeux me semble être également *une dimension cachée de nos vies quotidiennes.* Le simple fait de percevoir sans en avoir conscience, que quelqu'un cligne trop des yeux, ou pas assez, ou au mauvais moment, peut nous rendre nerveux. En effet, on comprend ainsi que cette personne ne nous écoute pas vraiment, et que ses pensées ne suivent pas le même cheminement que les nôtres. Inversement, une personne concentrée sur les propos qu'on lui tient *clignera des yeux au bon moment et à la bonne fréquence.* Résultat : *on se sentira à l'aise avec elle* », Walter MURCH, *En un clin d'œil. Passé, présent et futur du montage, op. cit.*, p. 89 (mes italiques).

invisible où l'autre joue sa vie dans le temps même qu'il met la nôtre en suspens.

Alors, face à face, sans ciller, l'autre se met à exister. Un *devenir* qui, dans l'affolement associatif initial, semblait définitivement impossible. Une fulguration telle, que, même si nous ne le savons pas encore, nous ne nous quitterons jamais plus désormais. Embrasement éphémère, il inscrira pourtant définitivement sa folle singularité. L'investissement d'une différence. Nous découvrons que l'autre est capable de *nous inventer*, de nous révéler des notes, des accords jamais entendus parmi l'infinité des notes, des accords possibles. Une façon nouvelle, imprévisible – une fête ? un drame ? – d'*être*. C'est aussi cela sans doute que tant de patients cherchent éperdument, sans le savoir, chez leur interlocuteur, leur thérapeute.

Ici manque le mot. Ni musique, ni danse, ni image, ni film. Ni même composition de tout cela. Faudrait-il face à l'autre, dans ce vacillement, créer un concept nouveau ? Mais l'autre se refuse à toute appréhension philosophique. Seul le spinozien troisième genre de connaissance pourrait, semble-t-il, avoir été taillé à sa mesure. Être à la hauteur de cet affect/concept/événement, surprenant monteur de notre mémoire. La musique, même si c'est elle qui s'est aventurée le plus loin, n'est hélas, comme l'espace, qu'une projection, la tentative éperdue de *dire* cet impensé qui a une dimension de plus que toutes les symphonies de Mozart – et Wolfgang le savait bien.

Il n'est pas étonnant qu'Einstein ait aimé Riemann et Mozart. Le premier, grâce au modèle en rébellion qu'il lui procurait, lui offrait l'exemple d'une délivrance. Le second, par ses dissonances, ses courbures mélodiques imprévisibles, lui faisait pressentir la joie de la découverte[165]. Car le champ unitaire du réel qu'il aura cherché toute sa vie en vain dans la physique, il se reflétait peut-être là, secrètement, sous ses doigts, bien avant que la théorie des cordes eût été imaginée, dans la vie même de son violon. La dimension du *connaître/comprendre* où Riemann et Mozart avaient tous deux leur place.

Le pays du troisième genre.

---

165. Banesh Hoffmann (avec la collaboration de Helen Dukas), *Albert Einstein créateur et rebelle*, *op. cit.*, p. 268. Rappelons que János Bolyai, co-inventeur avec Gauss et Lobatchevski de la géométrie non-euclidienne hyperbolique provoqua un jour treize officiers de hussards sous cette unique réserve : pouvoir jouer du violon en guise de détente après deux duels consécutifs – voir Imre Hermann, *Parallélismes*, « Freud et son temps », Denoël, Paris, 1980, p. 37.

Le pays du troisième genre. Concerto pour quatre pianos. Éternité et infini

« [...] cette séparation entre passé, présent et avenir ne garde que la valeur d'une illusion, si tenace soit-elle. »

Albert Einstein (21 mars 1955), un mois avant sa mort. Lettre à propos de la disparition de son vieil ami Michele Besso.

« Cause de soi », les premiers mots de l'*Éthique*. Redevenir cause de soi. Ce n'est possible, on l'a vu, qu'en libérant un enfant du tour d'illusion où il est pris : un montage. Car, pour *remonter* « le temps », on l'a vu, point n'est besoin de science-fiction : il suffit de *démonter* la mémoire. C'est ainsi que l'on peut retrouver l'enfant du passé. Pas l'enfant honteux qui surgit chez l'adulte soudain incompréhensiblement angoissé. Pas ce souvenir-écran. Non, *l'enfant dans son être même*, celui qui, sans trop le savoir, impatiemment, attendait. La multiplicité des langues possibles avant l'acquisition du langage. L'enfant qui ne parle pas encore mais qui communique déjà, par la musique des gestes et des rythmes, par le miracle du sourire aussi, qui apparaît et bouleverse.

Cette possibilité de sortir des plus subtils enfermements, c'est ce qu'il faut tenter de faire comprendre à l'autre *in-fans*, l'ancien enfant assujetti, qui angoisse, désespère l'adulte lorsque soudain il l'investit, jusqu'à lui faire *oublier* – comme on oublie un rêve – la possibilité d'une délivrance pourtant bien des fois vécue. Ces instants, il pourra les retrouver cependant lorsqu'il associera, précisément sur un rêve. « Maintenant, je *suis et* je pense ». L'« idée vraie », inséparable d'un affect, c'est ce qu'il ressentira alors, tel Bergotte devant le petit pan de mur jaune du tableau de Vermeer. Le temps et l'espace évanouis. Lorsque se découvre l'« infini » de Spinoza, si difficile à comprendre vraiment, cette éternité d'un commencement.

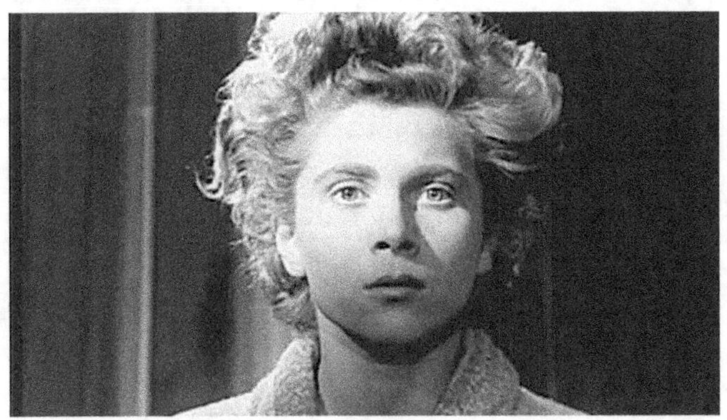

C'est sans doute cela qui surgit de certains plans d'un film lorsqu'ils sont accompagnés d'une musique qui en fait vaciller le montage. Le *Concerto pour quatre pianos* de Bach, par exemple, éclatant, illuminant dans leur inexorable cruauté, les derniers plans des *Enfants terribles*, le film de Melville (à partir d'un scénario de Cocteau). L'image d'Élisabeth, incarnée par Nicole Stéphane, que l'on retrouve de façon surprenante, un bref instant, à jamais, dans *Adieu au langage*, le film de Godard. Le visage d'une rebelle.

La véritable troisième dimension au cinéma, celle qui donne accès à la connaissance du troisième genre, naît parfois de la musique d'un film. Une musique qui fait rêver les images. Comme un rêve, d'ailleurs, elle est très vite oubliée. « La musique fonctionne le mieux, selon moi, lorsqu'elle canalise une émotion déjà créée à partir de la trame de l'histoire et du film[166]. » Tout se passe comme si la musique avait regardé, écouté – et avait *entendu* une dimension cachée, qu'elle dévoile, ou plutôt qu'elle semble toujours *sur le point de révéler*. Le cœur alors bat plus fort. « Il n'y avait pas

---

166. Michael ONDAATJE, *Conversations avec Walter Murch*, *op. cit.*, p. 185.

un souffle de vent, et cette nuit-là, la musique s'était répandue partout dans le paquebot noir, comme une injonction du ciel, comme un ordre de Dieu dont on ignorait la teneur. Elle avait pleuré parce qu'elle avait pensé à cet homme de Cholon, son amant, et elle n'avait pas été sûre tout à coup de ne pas l'avoir aimé, *un amour qu'elle n'avait pas vu* parce qu'il s'était perdu dans l'histoire comme l'eau dans le sable et *qu'elle le retrouvait seulement maintenant*, à cet instant de la musique jetée à travers la mer[167]. »

Au pays du troisième genre, on n'oublie plus l'essentiel. Des angoisses face à face par exemple. C'est à quoi Daniel Barenboïm, en fervent spinozien, cherchait sans doute à répondre avec son West-Eastern Divan Orchestra, composé de Palestiniens, d'Israéliens, d'Égyptiens, de Jordaniens, de Turcs, de Libanais, de Syriens, d'Iraniens[168]. À la faveur des rythmes, de la « musique » de l'autre, en effet, on peut de temps en temps « entrer » en quelque sorte dans sa mémoire, tenter de le comprendre.

---

167. Marguerite DURAS, *L'Amant*, Minuit, Paris, 1992.
168. https://www.youtube.com/watch?v=tp-EWGRGK7Q#t=119 ; https://www.youtube.com/watch?v=-8Ovg1v7F98

Mimiques imprévues, inattendus d'une gestuelle, les rythmes corporels attestent la singularité d'un individu. C'est en suscitant des résonances qu'une mélodie s'insinue dans un être. Spinoza : « Les corps se distinguent les uns des autres, sous le rapport du mouvement et du repos, de la vitesse et de la lenteur, et non sous le rapport de la substance[169]. » Spinoza, notre maître à tous, écrit Debussy[170].

Cette langue inconnue, la nôtre, nous ne cessons de l'oublier et la musique, même si elle n'en est que le murmure lointain, ne cesse de nous la rappeler. La langue d'une vie où il n'y a que des commencements.

Retrouver ces cristaux de sens, cette liberté, c'est se délivrer d'une angoisse dont profitent, se nourrissent tous les pouvoirs. Car la singularité d'un être – ni « matière » ni « esprit » –, c'est peut-être cela même qu'il doit inventer pour se sortir d'un montage de sa mémoire. Échapper à cet infernal tour d'illusion. Il ne s'agit plus alors pour lui de *se représenter* les chemins qu'il découvre, mais de les suivre. D'être *dans* le réel parce qu'*il redevient* le réel. L'imprévisible d'un élan.

---

169. Baruch Spinoza, *Éthique*, II, Lemme 1.
170. « Lettre à Ernest Chausson », 5 juin 1893, *in* Claude Debussy, *Correspondance (1872-1918)*, Gallimard, Paris, 2005, p. 135.

Alors se révèle la vraie nature de l'éternité et de l'infini : ce n'étaient que des souvenirs d'enfance[171]. Les souvenirs d'un amour sans limites.

QUI êtes-vous ?

« Qui êtes-vous ? » Et elle, sans hésiter : « Je suis l'âme errante. »

André Breton, *Nadja*.

« Le service que vous pouvez me rendre est de croire que toute la terre n'est qu'un immense théâtre truqué, un Châtelet de magie noire que les imbéciles ne veulent pas voir et que la crapule des initiés dissimule tant qu'elle peut. »

Antonin Artaud, « lettre à Colette Thomas », 27 mars 1946.

Qui associe ? Certainement pas le « moi ».
La réponse est peut-être à chercher dans le *mouvement* même des associations, là où quelque chose

---

171. Proust, comme toujours précurseur, lorsqu'il évoquait le baiser de sa mère, écrivait : « [...] quand elle avait penché vers mon lit sa figure aimante, et me l'avait tendue comme une hostie [...] », Marcel PROUST, *Du côté de chez Swann*, in *À la recherche du temps perdu*, t. I, « Bibliothèque de la Pléiade », Gallimard, Paris, 1991, p. 13.

est en train de *se* vivre, de *se* retrouver à travers des affects jusque-là oubliés. Se recréer en retrouvant un chemin. Une langue éphémère, ignorée, que chacun peut cependant, par instants, comprendre : *l'espéranto du rêve*. La langue du troisième genre. Celle qu'on ne sait parler qu'un temps, que l'on oublie quand le jour pointe.

« L'esprit est l'idée du corps », cet énoncé spinozien mystérieux alors s'éclaire. L'être de la mémoire est en effet quelque chose comme un « corps », corps virtuel certes, associatif, mais plus réel peut-être, davantage singulier en tout cas, que le corps actuel, le corps de chair et d'os. Et *l'affectivité, sensibilité de la mémoire*, est la sensibilité de ce corps-là, son *style* propre, sa façon unique de se défendre contre tous les montages dont l'autre, chaque fois, inévitablement l'affecte.

Alors, carte d'identité déchirée, miroirs désarmés, « être » prend un sens nouveau. Si les affects sont des chemins de mémoire, nous *sommes* ces chemins.

Exister : *mouvement* inimitable, différant[172], qui assume et va jusqu'à *déployer* une différence. Ce qui

---

172. Le *a* qui marque une douleur et une audace. Un cri. Tout ce qui a dramatiquement manqué à Heidegger pour se différancier du nazisme. Heidegger auquel pourtant se réfère Derrida lorsqu'il commente son néologisme : « La différance ».

proteste : « Je ne suis pas cela [...] ni cela [...] »[173], démontant toutes les définitions, refusant toutes les hiérarchies, les rôles angoissants où tente de l'incarcérer le monde de la valeur. Être, c'est *la forme singulière que peut prendre ce refus. Determinatio negatio est*, dit Spinoza. L'universalité d'une rébellion. La force d'un « Non ! »

Au moment où l'on a percé le *double secret* de l'angoisse, s'ouvre ainsi une dimension inédite. Ni espace de jeu, ni temps perdu mais peut-être les deux à la fois. Autre chose. Winnicott *et* Proust. Ce qui nous fait revivre, ne serait-ce qu'un instant, notre *dingularité*, cette fête inconnue, l'éclatement de tous les montages, le possible retrouvé. L'éternité. Une autre scène.

Néologisme à traiter derridiennement, donc sans déférence. Et sans hésiter à s'en différancier.

173. « Un individu acquiert un véritable nom propre, à l'issue du plus sévère exercice de dépersonnalisation, quand il s'ouvre aux multiplicités qui le traversent de part en part, aux intensités qui le parcourent [...] Il y a eu ma rencontre avec Félix Guattari, la manière dont nous nous sommes entendus, complétés, dépersonnalisés l'un dans l'autre, singularisés l'un par l'autre, bref aimés », Gilles DELEUZE, *Pourparlers*, Minuit, Paris, 1990, p. 15-16.

Ce pourrait être l'enjeu du théâtre où chaque soir, en pleine lumière, devant des centaines de regards, des funambules de l'affect risquent leur vie. Faisant vaciller tous les agencements de leur propre histoire, déjouant ces tours d'illusion, des comédiens réinventent leur rôle.

Conclusion - Le double secret

Un immense théâtre truqué

Le spectateur, croyant avoir découvert le secret du tour, s'écrie : « C'est dans l'autre main... » L'illusionniste, avec un léger sourire car ayant anticipé la remarque, ouvre sa main vide, emprisonnant ainsi la vérité à double tour.

Jean Gabirot, *Psychanalyse, illusionnisme.*

L'illusionniste se tourne vers l'un des spectateurs :
— Un magicien, en principe, ne dévoile jamais ses secrets. C'est que, voyez-vous, l'illusion nous en vivons. Ce soir, pourtant... Écoutez.

Le *réel* est doublement dissimulé. C'est en arrachant ses *deux* masques qu'on a une chance d'y accéder. Se contenter de dévoiler l'inconscient – un enfant caché –, c'est risquer de méconnaître le monde de la valeur, l'inexorable lutte sociale où cet enfant est à son insu engagé. À l'inverse, se contenter de dévoiler ce méconnu, c'est laisser incontrôlée l'angoisse, cause de toutes les violences, source de toutes les Terreurs.

Cet escamotage mutuel, le secret du secret, constitue l'essentiel du tour. Si j'enfreins l'interdit professionnel des illusionnistes en vous le révélant, c'est que, je le sais, jamais vous n'en parlerez à quiconque. Vous comprendrez plus tard pourquoi.

Attendez un peu.

Vous êtes, monsieur, mon meilleur compère. Car *je* est un autre, et sans l'immense mais raisonné dérèglement de tous les *sens*, la transmutation de toutes les *valeurs* que je vous propose – après Rimbaud, cet adolescent qui a été si près de découvrir notre secret –, il vous est impossible de le comprendre.

Il me faudra, pour vous expliquer le tour, en reprendre les différents temps.

Au début du spectacle donc, on éteint les lumières dans la salle. L'obscurité est indispensable pour les projections. Ainsi, vous croyiez être assis dans cette salle d'où vous me regardiez, moi et tous mes accessoires sur la scène. Vous vous trompiez. J'étais effectivement sur la scène, mais vous y étiez aussi, sans le savoir. *Autour de mes yeux, votre mémoire était enroulée*, elle les encadrait ; vous ne l'aperceviez pas, c'est elle pourtant qui fabriquait mon regard. La magie de mes gestes, celle de mes mots, n'était qu'une création de votre désir. Votre appétit de merveilleux – cette grande bouffée qui avait balayé votre mémoire avant de m'envelopper de féerie – émanait en réalité d'une image de vous-même, il y a bien longtemps, au temps des puissants magiciens, vos parents. Cette image ancienne que faisaient revivre l'impressionnante noblesse de mon maintien, mon boniment péremptoire, cette baguette, mon habit doré. Ces attributs mythiques qui détournaient votre attention, vous ne les reconnaissiez pas.

Chaque personne, chaque objet, tout était, dans le noir, invisiblement coupé en deux par une cloison en cristal de concept. D'un côté, vos opérations conscientes faisaient voltiger mon chapeau pour l'accrocher à un mot, un prix. Par d'autres chemins, ce chapeau, redevenu un bout de tissu, voyageait dans votre passé avant de se retrouver dans un de vos rêves.

Il n'y avait plus de séparation entre scène et salle. Plus qu'une immense enfance : la vôtre. Votre histoire, dans laquelle – un peu comme sur l'écorce de votre cerveau se projettent à votre insu un pouce énorme, une langue monstrueuse – une enfance géante mais invisible prenait presque toute la place, réalité virtuelle où régnaient des femmes douces et autoritaires.

Si vous aviez laissé venir vos associations pourtant, cette enfance, vous auriez pu la parcourir librement. Seul moyen de reprendre sa propre mémoire aux pouvoirs qui toujours cherchent à la réduire, à la *monter*. À maintenir un être prisonnier de ce montage qui l'angoisse.

Une violence, à quoi il faut opposer la force insurrectionnelle de la métaphore, on n'a rien inventé de mieux pour battre tout le monde de vitesse, même la lumière. Le courage de la création, l'énergie du rêve : l'art de résister à la parole des dominants, cette imposture masquée. Bref, ne jamais renoncer à ce désir un peu fou, à ce projet que rien, aucun pouvoir jamais ne réussira à tuer : *être*.

Du réel, enfin, aurait alors circulé. Vous auriez pu passer votre doigt dans les coins, il n'y aurait plus eu ici de poussière comme dans la caverne de monsieur Platon.

Mais cela, vous ne l'avez pas fait.

Et la lumière s'est rallumée. Dans le noir, vous étiez sur la scène. Vous n'avez pas bougé, pourtant vous êtes à présent de nouveau assis dans la salle. Un déplacement immobile, rien que du sens qui circule et se cache. Laissez donc mon chapeau, monsieur, vous allez vous coincer les doigts. Ne vous agrippez pas à moi, restez à votre place. Un peu de tenue, s'il vous plaît.

Là, vous voyez bien, tout est rentré dans l'ordre. Vous allez de nouveau pouvoir dire sans rire : « Moi, je... » ; vous pourrez parler de votre « vie intérieure », l'opposer au « monde extérieur ». Vous serez de nouveau dupe du tour d'illusion.

Ce que vous prenez pour la réalité est de nouveau en place. Vous ne poserez jamais plus la question cachée, la question de la *valeur* : « Qui commande ? » Peut-être fugitivement interrogerez-vous le *sens*. Vous n'obtiendrez aucune réponse. Vous aurez alors un peu peur, sans trop savoir pourquoi. Ces questions ne sont pas bonnes à poser.

La rose est rentrée sous le ciment. Marx ne réveille plus le monde. Rouletabille a oublié le parfum de la dame en noir. Oriane de Guermantes nous a quittés. Citizen Kane a cessé de chercher *Rosebud*. Saviez-vous qu'Orson Welles, la magicien-monteur, initié à l'illusionnisme par Houdini, avait passé la nuit précédant sa mort à faire des tours de cartes ?

Je ne crains nullement que vous trahissiez mon secret, vous disais-je.

C'est que, voyez-vous, *l'oubli fait partie du tour*.

Vous vous levez maintenant de votre siège. Vous enfilez votre manteau. Vous allez quitter la salle, retrouver la rue, rentrer chez vous. Vous avez de nouveau l'air pressé, un peu soucieux, un peu agacé. Votre air de tous les jours. L'air normal.

Vous avez oublié.

Une nuit cependant, de cet instant perdu, quelque chose reviendra. C'est un rêve qui vous en apportera la précieuse certitude : un autre montage est possible.

Un autre montage.

Du même auteur

Romans

Nuit blanche avec reflet fauve, Flammarion, 1992.

La machine à déplier le temps, Flammarion, 2000.

Nouvelles

La qualité du silence, Denoël, 1997.
Prix du jury littéraire Gérardmer/Fantastic'Arts.

Essais

Le masque et le rêve, histoire de l'inimaginable, Flammarion, 1994.

« Lettre de Sigmund Freud à Karl Abraham » dans En pays lointain, ouvrage collectif (M. Gribinski, dir.), Gallimard, 1994.

Heidegger, Primo Levi et le séquoia. La double inconscience, Gallimard, 2001.

Prix Psyché 2002.

La syncope de Champollion. Entre les images et les mots, Gallimard, 2003.

« La chambre des enfants terribles. Une musique de film » dans Parler avec l'étranger, ouvrage collectif (F. Gantheret et J.-B. Pontalis, dirs.), Gallimard, 2003.

Quelle petite phrase bouleversante au cœur d'un être ? Proust, Freud, Spinoza, Gallimard, 2005.

« Je est un cas : Wolfson » dans Dossier Wolfson ou l'affaire du « Schizo et les langues », ouvrage collectif, Gallimard, 2009.

Lutte des rêves et interprétation des classes. Démontage d'un tour d'illusion, L'Olivier, 2013.

Table des matières

www.ingramcontent.com/pod-product-compliance
Lightning Source LLC
LaVergne TN
LVHW010213060726
842525LV00014B/3304